ON
TRUTH

진실에 대하여:
개소리가 난무하는 사회에서

ON TRUTH by Harry G. Frankfurt
Copyright © 2006 by Harry G. Frankfurt
All rights reserved including the right of reproduction in whole
or in part in any form. No part of this book may be used or
reproduced in any manner for the purpose of training artificial
intelligence technologies or systems.
This Korean edition was published by Sangsang Academy in 2025
by arrangement with Alfred A. Knopf, an imprint of The Knopf
Doubleday Group, a division of Penguin Random House, LLC,
through KCC(Korea Copyright Center Inc.), Seoul.
이 책은 (주)한국저작권센터(KCC)를 통한 저작권자와의 독점계약으로
(주)상상아카데미에서 출간되었습니다.
저작권법에 의해 한국 내에서 보호를 받는 저작물이므로
무단전재와 복제를 금합니다.

진실에 대하여:
개소리가 난무하는 사회에서

1판 1쇄 펴냄 | 2025년 11월 20일
지은이 | 해리 프랭크퍼트
옮긴이 | 유강은

발행인 | 김병준·고세규
발행처 | 생각의힘
편집 | 정혜지
디자인 | 김경민
마케팅 | 김유정·신예은·최은규

등 록 | 2011. 10. 27. 제406-2011-000127호
주 소 | 서울시 마포구 독막로6길 11, 2, 3층
전 화 | 02-6925-4183(편집), 02-6925-4188(영업)
팩 스 | 02-6925-4182
전자우편 | tpbook1@tpbook.co.kr
홈페이지 | www.tpbook.co.kr

• 책값은 뒤표지에 있습니다.
• 잘못된 책은 구입하신 서점에서 교환해 드립니다.

ISBN 979-11-94880-31-8 (92100)

ON
TRUTH

진실에 대하여:
개소리가 난무하는 사회에서

해리 프랭크퍼트
유강은 옮김
한성일 해제

생각의힘

이번에도 역시 조앤에게 이 책을 바친다

어쨌든 그녀의 발상이니까

차례

진실에 대하여:
개소리가 난무하는 사회에서 _9

해제 | 한성일(서울대학교 철학과 교수) _107

옮긴이의 글 _149

서론

몇 년 전 나는 《개소리에 대하여》(프린스턴대학교 출판부, 2005)•라는 제목으로 개소리bullshit에 관한 에세이를 출판했다. 그 책에서 나는 개소리라는 개념에 관한 잠정적 분석을 내놓았다. 다시 말해, 이 개념을 정확히 적용하기 위한 필요충분조건이라고 생각하는 바를 명시했다. 내 주장을 요

• [한국어판] 해리 프랭크퍼트, 《개소리에 대하여》, 이윤 옮김, 필로소픽, 2023.

약하자면, 개소리쟁이들은 스스로가 정보를 전달할 뿐이라고 말하지만 그런 일과는 거리가 멀다. 오히려, 아니 무엇보다도 개소리쟁이는 사기꾼이자 위선자이며, 말을 앞세워 상대방의 견해와 태도를 조작하려고 한다. 개소리쟁이가 주로 관심을 기울이는 것은 자신의 말이 이런 조작을 달성하는 데 **효과저**인지 여부다. 따라서 개소리쟁이는 자신의 말이 참인지 거짓인지에 관해 거의 관심이 없다.

《개소리에 대하여》에서는 다른 쟁점도 여럿 다루었다. 근본적으로 중요하면서도 대부분 제대로 검토되지 않은 구별, 즉 개소리와 거짓말의 구별도 탐구했다. 우리 문화에서 개소리가 대단히 널리 퍼지고 지속되는 현상을 어떻게 설명할지에 관해 몇 가지 잠정적인 제안도 했다. 그리고 개소리는 문명화된 삶을 영위하는 데 거짓말보다 더욱 잠재적인 위협이 된다고 주장했다.

당시에는 그런 정도로 충분해 보였다. 하지만 나중에야 그 책에서 개소리에 관해 충분히 논의하려면 확실히 다뤄야 하는 쟁점에 전혀 관심을 기울이지 않았음을 깨달았다. 책에서 나는 한 가지 중요한 가정을 했는데, 제대로 확인도 하지 않고 대부분의 독자들이 나와 같은 생각이려니 짐작한 것이다. 다시 말해, 진실에 무관심한 것은 바람직하지 못하거나 부끄러운 특성이며, 따라서 개소리는 피하고 비난받아야 한다고 가정한 것이다. 하지만 나는 실제로 우리에게 진실이 왜 **그토록** 중요한지에 관해, 또는 왜 우리가 특히 진실에 관심을 기울여야 하는지에 관해 세심하고 설득력 있는 설명을 전혀 제시하지 않았다.

다시 말해, 나는 개소리의 특징이라고 여기는, 진실에 대한 무관심이 왜 그토록 나쁜 것인지를 설명하지 않았다. 물론 대다수 사람들은 진실이 대단히 중요하다는 것을 인식하며, 어느 정도 기꺼이 인정할 것이다. 다른 한편, 진실을 그토록 중요하게 만드는 것이 무엇인지에 관해 기꺼이 공들여 고찰하려는 사람은 드물다.

우리는 누구나 우리 사회에—일부는 의도적이고 일부는 단순히 우발적이지만—개소리와 거짓말을 비롯한 여러 허위와 기만이 끊임없이 넘쳐 난다는 걸 안다. 하지만—적어도 지금까지는—이런 부담 때문에 우리 문명이 심각한 손상을 입지는 않았다. 어떤 이들은 어쩌면 이런 사실을 만족스럽게 여기면서 아무튼 진실은 그렇게 중요한 게 아니며, 우리가 진실에 크게 신경 쓸 이유가 전혀 없다고 말할지도 모른다. 내가 볼 때, 이런 태도는 한심한 실수나 다름없다. 따라서 여기서 나는—《개소리에 대하여》의 일종의 속편으로, 또는 하나의 서론 격의 탐구로—진실이 실제로 갖는 현실적, 이론적 중요성을 검토해 보자고 제안한다. 우리가 대체로 그런 사실을 인식하고 행동하는지 여부와는 무관하게 말이다.

담당 편집자(독보적이고 너무도 소중한 조지 안드레우)는 다소 역설적인 상황을 지적해 준 바 있다. 우리 주변에 **개소리**가 넘쳐 난다는 걸 인식하지 못하는 사람은 없지만, 상당히 많은 이들이—원칙적으로라도—**진실** 같은 것이 존재한다는 사실을 인정하는 걸 완강히 거부한다는 것이다. 하지만 이 책의 논의에서 나는 참과 거짓이

유의미하게 구별되는 현실을 받아들이는 이들과 이런 구별이 타당하거나 어떤 객관적 실재에 상응한다는 것을 부정한다고 열렬히 주장하는 이들(그들의 이런 시도가 정확한지 여부나 그들이 정확**할 수 있는지** 여부는 신경 쓰지 마시라) 사이의 얽히고설킨 논쟁을 일거에 해결하려고 시도하지 않을 것이다―최소한 직접 대결하는 논증이나 분석을 통해서 그렇게 하지는 않을 것이다. 이런 논쟁은 최종적으로 해결될 수 없어 보이며, 그렇게 된다고 해도 보람도 없다.

어쨌든 참-거짓의 타당성이나 객관적 실재를 부정한다고 공언하는 이들조차도 언뜻 태연자약하게 이런 부정이 자신들이 **정말로** 지지하는 입장이라고 계속 주장한다. 그들의 주장에 따르면, 자신들이 참과 거짓의 구별을 거부한다는 발언은 **거짓된**

발언이 **아니라** 자신의 믿음에 관한 완전히 **참된** 발언이다. 그들이 내세우는 신조의 표현에서 이처럼 언뜻 진실로 보이는 부조리 때문에 그들이 부정하려고 하는 내용을 정확히 어떻게 이해할 것인지가 불확실해진다. 또한 무엇이 참이고 무엇이 거짓인지 객관적으로 유의미하거나 가치 있는 구별이란 존재하지 않는다는 그들의 주장을 얼마나 진지하게 받아들여야 하는지 의아할 뿐이다.

진실 및 거짓이라는 개념을 꼼꼼히 **정의**하려 들면 어떻게든 맞부딪힐 수밖에 없는 무시무시한 복잡성도 나는 피하고자 한다. 이런 시도는 역시 실망스럽고 불필요한 산만한 과제가 될 가능성이 높다. 따라서 두 개념을 이해하는, 누구나 어느 정도 받아들이는 상식적 방식을 당연하게 받아들이

고자 한다. 우리는 누구나 엄연히 익숙한 다양한 것들—가령 우리의 이름이나 주소 같은—에 관해 진실을 말한다는 게 무슨 의미인지를 안다. 더욱이 우리는 이런 것들을 거짓으로 말한다는 게 무슨 의미인지도 역시 분명하게 이해한다. 우리는 이런 것들에 관해 어떻게 거짓을 말하는지를 아주 잘 안다.

따라서 나는 독자 여러분이 참과 거짓의 차이에 관한, 가식 없고 철학적으로 무해한 상식적 이해에 익숙하리라고 가정할 것이다. 어떤 독자는 견고한 정확성과 형식적 정밀성을 갖추고 이 개념들을 정의하지 못할 수도 있다. 하지만 여러분이 어느 정도 지적이고 자신 있게 이 두 개념을 구사할 수 있다는 걸 당연하게 받아들이고자 한다.

한 가지만 더 짚고 넘어가자. 이 책의 논의는 오직 **진실의 가치와 중요성**만을 다루며, 우리가 진실을 **발견하기 위해 기울이는 노력**, 또는 진실을 **발견하는** 우리의 **경험**의 가치나 중요성은 다루지 않는다. 어떤 명제를 뒷받침하는 증거가 결정적이고, 이 명제가 참인지에 관해 다른 합당한 의문이 있을 수 없음을 인식하게 되면, 대개 결론적으로 마무리하고 성공했다는 만족감이 생기며, 때로는 이런 인식이 다소 전율을 일으킬 수도 있다. 이 점이 엄격하게 입증되면 이 명제의 진실성에 관한 모든 합리적인 불확실성이 완전히 해소된다. 결국 당연히 이 명제를 거부하려는 모든 저항이 사라져 버린다. 이는 해방적이고 신선한 경험이다. 이로써 우리는 의혹이라는 불안과 거리낌에서 벗어나며, 무엇을 믿어야 할지 걱정을 멈출 수 있다. 우리는 마음이 편안해지고 마침내 느긋하게 자신감을 얻는다.

이런 경험은 연구자와 과학자들에게 어느 정도 익숙하다. 수많은 비전문가들도 이런 경험을 잘 안다. 일상적인 업무를 수행하면서 종종 그런 경험을 맞닥뜨리기 때문이다. 많은 사람들이 고등학교 기하학 수업에서 유클리드 정리定理 몇 가지의 완벽한 증명을 감상하면서 이 정리가 **결정적으로 입증되었음**을 분명하고 뚜렷하게 **보면서** 이런 경험을 소개받는다.

이런 경험의 향유가 비교적 널리 퍼져 있음에도 불구하고, 그리고 그런 경험의 이익과 가치가 틀림없다는 사실에도 상관없이 나는 이런 경험을 더는 논하지 않을 것이다. 앞서 말한 것처럼, 나는 오로지 진실이 우리에게 갖는 가치와 중요성에만 관심의 초점을 두고자 한다. 나는 무엇이 참인지를 확인하거나 발견하려고 하는 경험의 가치나 중요성에는 관심을 기울이지 않는다. 내가 다루는 주제는 탐구의 과정이나 성공적 완성의 계기가 아니라 그 목표이다.

이런 예비적 조건과 유보를 염두에 두고 이제 논의를 시작해 보자. 진실은 실제로 우리가 특히 관심을 기울이는—기울여야 하는—어떤 것일까? 또는 숱하게 많은 저명한 사상가와 작가들이 공언하는 것처럼 진실에 대한 사랑 자체가 또 다른 개소리의 사례에 불과한 걸까?

1장

 진실이 왜 우리에게 중요한지를 지적하려고 할 때, 곧바로 머릿속에 떠오르는 것은 어쩌면 지극히 평범해 보이겠지만 그럼에도 의문의 여지 없이 적절한 하나의 생각이다. 바로 진실은 종종 대단히 많은 현실적 효용이 있다는 생각이다. 내가 볼 때, 모름지기 최소한으로나마 기능하는 사회라면 끝없이 변화무쌍한 진실의 효용을 확실하게 인식해야 한다. 어쨌든 사회가 진실에 거의 신경 쓰지 않는다면, 공적 사무의 가장 적절한 처분과 관련하여 어떻게 충분한 지식을 바탕으로 판단과 결정을 내릴 수 있겠는가? 야심을 성공적으로 추구하고, 또 사회의 여러 문제에 신중하고 효과적으로 대처하기 위해 적절한 사실을 충분히 알지 못한다면, 그 사회가 어떻게 번성하거나 심지어 생존할 수 있겠는가?

수준 높은 문명일수록 사실을 전달하는 데서 정직과 명료함의 중요성을 한층 진실되게 존중해야 하며, 무엇이 사실인지를 결정하는 데서 정확성에 완강하게 관심을 기울여야 함은 더욱 분명해 보인다. 자연과학과 사회과학, 그리고 공적 사무의 수행은 이런 존중과 관심을 세심하게 유지할 때에만 성공적으로 이루어진다. 실용 기술과 순수 예술 또한 마찬가지다.

이상한 얘기지만, 지금 우리는 교양이 풍부한 많은 이들조차 진실을 특별히 존중할 필요가 없다고 여기는 시대에 산다. 물론 진실에 대한 무신경한 태도가 홍보 전문가나 정치인 사이에 어느 정도 만연하다는 사실은 잘 알려져 있다. 이런 유형의 전형들은 특유의 성격대로 개소리와 거짓말, 그 밖에 자기가 고안할 수 있는 온갖 종류의 사기와 속임수를 느긋하게 즐긴다. 이건 진부한 이야기이며, 우리는 이런 모습에 익숙하다.

하지만 최근에 그래도 믿을 만한 부류라고 순진하게 여겨졌을 법한 사람들 사이에서도 이런 태도의 비슷한 판본—또는 실제로 더 극단적인 판본—이 불안하게 확산되고 있다. 베스트셀러 저자와 수상작 저자, 주요 신문 기자, 이제까지 존경받던 역사학자, 전기 작가, 회고록 작가, 문학이론가, 소설가들 사이에서—심지어 누구보다도 그렇게 어리석지는 않다고 의지할 수 있었던 철학자들 사이에서도—진실의 중요성(또는 이와 관련하여 예로부터 이어진 표절에 대한 비판의 중요성)을 무시하는 수많은 뻔뻔한 회의론자와 냉소주의자가 발견되고 있다.

부끄러움을 모르는 이런 상식의 적대자들—그들 가운데 어떤 상징적 하위집단의 성원들은 '포스트모더니스트'를 자처한다—은 진실에 진정으로 객관적인 실재가 존재한다는 것을 반항적, 독선적으로 부정한다. 그러므로 그들은 더 나아가 진실에 경의를 표하거나 존중할 의무가 있다는 것을 부정한다. 실제로 그들은 책임 있는 질문이나 사고에 순전히 근본적일 뿐만 아니라—표면상으로—전혀 무해해 보일 어떤 추정을 완강히 무시한다. "사실이란 무엇인가"라는 질문이 유용한 관념이거나 적어도 이해할 수 있는 의미가 담긴 관념이라는 추정 말이다. 우리가 일상적으로 사실과 진실에 부여하는 경의나 존중을 받을 자격에 대해 포스트모더니스트들이 표방하는 견해는 결국 이런 자격의 부여는 고정되어 있지 않고 불확실하며 이는 단순히 우리가 사물을 어떻게 바라보는가의 문제일 뿐이라고 주장한다.

 말할 필요도 없이, 우리는 누구나 꽤 자주 양심적이고 자신 있게 어떤 명제는 참이고 어떤 명제는 거짓임을 확인한다. 하지만 포스트모던 사상가들은 의문의 여지 없이 이런 관행이 널리 받아들여지는 것에 대해 끄떡도 하지 않는다. 다소 놀랍게도,

그들은 그리하여 종종 소중한 성과와 결과가 나온다고 해도 당황해하지 않는다. 포스트모더니스트들의 사고방식에 따르면, 그들이 이렇게 끄떡없이 완고한 것은 우리가 참과 거짓에 긋는 구별을 궁극적으로 인도하는 것은 우리의 개인적 관점보다 더 분명히 객관적이거나 더 설득력 있게 권위적인 어떤 게 아니기 때문이다. 또는 이 신조의 다른 변종에 따르면 모든 것을 지배하는 것은 개인적 관점이 아니며, 정확히는 엄중한 경제적, 정치적 요건이나 강력한 동기를 부여하는 습관이나 우리 사회의 관습에 의해 우리 모두에게 **부과**되는 제약이 모든 것을 지배한다. 포스트모더니스트들이 특히 의존하는 논지는 바로 이런 식이다. 어떤 사람이 참이라고 **간주하는** 것은 단순히 그 사람의 개인적 관점의 작용이거나, 또는 여러 복잡하고 피할 수 없는 사회적 압력에 의해 그 사람이 참이라고 **간주하도록 제약받는** 것에 의해 결정된다.

이 논지를 듣다 보면 지나치게 입심만 좋을 뿐만 아니라 다소 둔감하기도 하다는 느낌이 든다. 분명 포스트모더니스트나 다른 누군가가 뭐라고 말하든 간에, 예를 들어 엔지니어와 건축가 들이 진정한 객관성을 달성하기 위해 노력해야 하는―그리고 이따금 달성하는 데 성공하는―것은 의문의 여지가 없다. 그들 대부분은 자기 계획의 실행에 내재하는 여러 장애물과 이런 장애물에 대처하는 데 활용할 수 있는 자원 둘 다를 대체로 상당히 정확하게 평가하는 데 대단히 숙련되어 있다. 설계와 건설에 필수적인 꼼꼼한 측정이 개인의 관점에 따라 달라진다는 함의를 갖는 쉽게 바뀌는 변동과 아무 이유 없는 변덕에 좌우된다고 생각할 수는 없는 노릇이다. 또한 그런 꼼꼼한 측정이 사회적 규율과 금기라는, 대개 자의적이거나 부적절한 요구에 좌우된다고 생각하는 것도 말이 되지 않는다. 꼼꼼한 측정은 분명 정밀해야 하시민, 정밀성만으로는 충분하지 않다. 측정은 어떤 조건에서든, 그리고 어떤 관점에서든 안정적으로 이루어져야 하며 정확해야 한다.

어떤 교량이 고작 통상적인 수준의 스트레스를 받아서 무너진다고 가정해 보라. 이것은 무슨 의미일까? 최소한 다리를 설계하거나 건설한 이들이 아주 심한 실수를 했다는 뜻이다. 우리가 볼 때 적어도 그들이 여러 문제에 직면하면서 고안한 해결책의 일부는 치명적으로 부정확했음이 분명하다.

물론 의학에서도 사정은 똑같다. 의사는 질병과 상처를 다루는 법과 관련해서 타당한 판단을 내리기 위해 노력해야 한다. 따라서 의사는 어떤 약과 어떤 수술이 환자에게 도움이 된다고 자신 있게 기대할 수 있는지를 알아야 한다. 어떤 약과 수술이 해로울 가능성이 있는지도 알아야 한다.

제정신인 사람이라면 누구도 진실에 신경 쓰지 않는 건축업자에게 의지하거나 의사에게 몸을 맡기지 않을 것이다. 작가나 화가, 음악가도—각자 나름의 방식으로—일을 제대로 하는 법을 알아야 한다. 적어도 일을 너무 그르치는 것을 피할 수는 있어야 한다. 창조적인 작업 과정에서 그들은 언제나 여러 중요한 문제—예컨대 기법이나 문체의 문제—에 맞닥뜨린다. 이런 문제를 다루는 어떤 방식은 분명 다른 방식보다 한층 뛰어나다. 어쩌면 이런 문제를 다루는 어떤 방식도 너무도 명백하고 독보적으로 정확하지는 않을 것이다. 하지만 다른 많은 대안들은 분명히 **부**정확하다. 실제로 어떤 방식은 정말로 끔찍하다는 건 의무의 여지 없이 곧바로 알아볼 수 있다.

이 모든 맥락에는 일을 제대로 하는 것과 실수하는 것 사이에 뚜렷한 차이가 존재하며, 따라서 참과 거짓 사이에는 뚜렷한 차이가 있다. 물론 역사적 분석과 사회적 비평, 특히 이런 분석과 비평에 흔히 포함되는 사람과 정책에 대한 평가에 관한 한, 상황이 다르다는 주장이 종종 제기된다. 보통 이런 주장을 뒷받침하며 제시되는 논거는, 이런 평가가 언제나 그 주체가 되는 사람들의 개인적 상황과 태도에 크게 영향을 받으며, 따라서 역사나 사회적 비평 저작이 엄격하게 공정하고 객관적이라고 기대할 수는 없다는 것이다.

물론 이런 문제에서 주관성의 요소를 피할 도리는 없다. 하지만 가령 진지한 역사학자들이 보여 줄 것으로 기대되는 사실 해석에서의 변이의 범위와 관련하여 이런 인정이 함축하는 바에는 중요한 한계들이 존재한다. 제아무리 대담하게—또는 게으르게—주관성을 허용한다고 해도 감히 멋대로 할 수 없는 실재의 차원이 존재한다. 미래의 역사학자들이 제1차 세계대전에 대해 뭐라고 말할 것으로 생각하느냐고 물었을 때 조르주 클레망소Georges Clemenceau가 내놓은 유명한 답변에 담긴 정신이 바로 이런 것이다. "벨기에가 독일을 침략했다고 말하지는 않겠지요."

2장

 하지만 많은 사람들은 규범적(즉 평가적) 판단을 참 **또는** 거짓 **어느** 쪽으로 적절하게 간주할 수 없다고—이따금 잘난 척하며—굳게 믿는다. 이런 견해에 따르면, 그런 종류의 판단은 실제로 사실에 관한 주장—즉 정확하거나 부정확할 **수 있는** 주장—을 하지 않는다. 대신에 사람들은 이런 판단이 개인적 느낌이나 태도를 표현할 뿐이라고 믿는다. 엄밀히 말하자면 이런 느낌이나 태도는 참**도** 아니고 거짓**도 아니다.**

좋다. 이런 입장을 받아들인다고 가정해 보자. 그렇다 하더라도 평가적 판단을 받아들이거나 거부하려면 그 자체가 간단히 비규범적인 다른 판단—즉 사실에 관한 진술—에 의존해야 한다는 것은 분명하다. 그리하여 우리는 어떤 사람의 도덕적 결함을 보여 주는 구체적 증거를 제시하는 듯 보이는 행동의 사례를 설명하는 사실적 진술에 바탕을 두는 경우를 제외하면, 그 사람이 좋지 않은 도덕적 인성을 갖고 있다고 스스로 합당하게 판단할 수 없다. 더욱이 그 사람의 행동에 관한 이런 사실적 진술은 참이어야 하며, 우리가 그런 진술로부터 평가 판단을 이끌어 내는 추론은 타당해야 한다. 그렇지 않으면, 진술이나 추론이나 결론을 정당화하는 데 효과적으로 도움이 되지 못한다. 이 진술과 추론은 그것들에 의지하는 평가가 합당하다는 것을 전혀 보여 주지 못할 것이다.

따라서 참과 거짓의 구별은 가치 평가적 또는 규범적 판단에 대한 우리의 평가에 여전히 결정적으로 중요하다. 참과 거짓의 구별이 그런 판단 자체에 직접적으로 적용되지 않는다는 점에 우리가 동의할 때에도 마찬가지다. 만약 그렇게 인정하는 게 현명하다고 여긴다면, 우리가 내리는 가치 평가가 참도 아니고 거짓도 아님을 인정할 수 있다. 하지만 우리가 그런 평가를 뒷받침하기 위해 시도하는 사실적 진술이나 추론에 대해서도 비슷하게 규정하는 것을 인정할 수는 없다.

마찬가지로, 사실 진술은 우리가 선택하고 스스로 추구하고자 하는 목적과 목표를 설명하고 입증하는 데 필수 불가결하다. 물론 많은 사상가들이 우리의 목적과 목표 선정—적어도 단순히 더 궁극적인 야심을 달성하는 데 도움이 되는 도구적 가치 때문에 선택되는 게 아닌 목적과 목표 선정—을 합리적으로 정당화할 수 있음을 부정한다. 대신에 그들은 우리가 오로지 우연히 느끼거나 바라는 것을 바탕으로 목적과 목표를 채택한다고 주장한다.

하지만 분명 대체로 우리는 우리가 바라고, 사랑하고, 전념하는 대상을 선택한다. 그런 대상에 대해 우리가 **믿는** 것 때문이다—예를 들어, 우리의 부를 늘려 주거나 건강을 지켜 주리라고, 또는 다른 어떤 식으로 우리의 이익에 도움이 될 것이라고 믿기 때문이다. 그리하여 우리가 목적의 선택과 전념을 설명하거나 입증하는 데서 의존하는 사실 진술의 진위는 우리의 태도와 선택의 합리성과 불가피한 관련이 있다. 우리가 다양한 사실적 판단을 참으로 간주하는 것이 정당한지 여부를 알지 못한다면, 그런 느낌과 선택이 정말로 의미가 있는지 알 수 없다.

이런 이유들 때문에 어떤 사회도 진실을 경멸하거나 경시하지 못한다. 하지만 사회가 모든 것을 고려할 때 참과 거짓이 정당하고 유의미한 개념임을 단순히 인정하는 것으로는 충분하지 않다. 더욱이 사회는 유의미한 진실을 획득하고 활용하기 위해 노력하는 능력 있는 개인들을 격려하고 지원하는 것을 무시해서는 안 된다. 또한 이따금 개소리와 시치미 떼기, 또는 순전한 허위를 통해 어떤 이득과 보상을 얻을 수 있더라도, 사회는 참과 거짓의 구별을 무신경하게 무시하려는 사람이나 시도를 용인할 수 없다. 하물며 사실에 진실한 것이 '자기 자신에게 진실한' 것보다 중요하지 않다는 추레하고 나르시시즘적인 가식을 방치해서도 안 된다. 품위 있고 예의 바른 사회적 삶의 **내재적** 반명제인 태도가 존재한다면, 바로 이것이다.

이런 방식 중 어떤 것에서도 신중하지 못하고 꾸준히 게으른 사회는 쇠퇴하거나 최소한 문화적으로 무기력해진다. 이런 사회는 확실히 어떤 실질적 성취도 이룰 수 없으며, 일관되고 신중한 야심도 이루지 못한다. **신뢰할 만한 사실적 정보**를 대량으로 갖추지 못한 문명은 **절대** 건강을 유지하지 **못했으며**, 건강을 유지할 **수도 없다**. 또한 **그릇된** 믿음에 감염되는 문제가 생기면 번성하지 못한다. 선진 문화를 세우고 유지하기 위해서는 실수나 무지 때문에 약해지는 것을 피해야 한다. 우리는 아주 많은 진실을 알아야 한다—그리고 물론 이런 진실을 생산적으로 활용하는 법을 이해해야 한다.

이는 사회적 정언명령일 뿐만 아니라 개인인 우리 각자에게도 적용된다. 모든 사람이 삶을 영위하는 데서 언제나 맞닥뜨리는 복잡하게 뒤얽힌 위험을 효과적으로 헤쳐 나가기 위해서 개인들에게는 진실이 필요하다. 개인은 무엇을 먹거나 먹지 말아야 할지, 어떤 옷을 입어야 할지(기후 조건과 관련된 사실을 감안할 때), 어디에 살아야 할지(구조적 단층선, 산사태 발생률, 상점과 일자리와 학교의 근접성 같은 정보를 고려해서), 그리고 돈을 받고 하는 일을 어떻게 해야 할지, 자녀를 어떻게 키워야 할지, 만나는 사람들을 어떻게 생각해야 할지, 무엇을 이룰 수 있는지, 무엇을 이루고 싶은지, 그 밖에 일상적이면서도 중요한 무수히 많고 다양한 문제들에 관한 진실을 알아야 한다.

우리가 하는 일에서 성공할지 실패할지, 그리하여 인생 전반에서 성공할지 실패할지 여부는 우리가 진실의 인도를 받는지, 아니면 무지나 허위를 바탕으로 나아가는지에 달려 있다. 또한 물론 우리가 진실을 **가지고 무엇을 하는지**에 결정적으로 달려 있다. 하지만 진실이 **없다면** 시작도 하기 전부터 운이 없는 셈이다.

실제로 우리는 진실 없이는 살 수 없다. 잘 사는 법을 이해하기 위해서만이 아니라 아무튼 살아남는 법을 알기 위해서도 진실이 필요하다. 더욱이 이런 사실은 쉽사리 알아채지 못할 수가 없다. 그러므로 우리는 진실이 우리에게 중요하다는 걸 적어도 암묵적으로 인식할 수밖에 없다. 따라서 또한 진실이 우리가 무관심해도 되는 믿음의 어떤 특징이 아님을 (이번에도 역시 적어도 암묵적으로) 이해할 수밖에 없다. 무관심은 단순히 게으른 경솔함의 문제가 아니다. 금세 치명적인 문제임이 드러난다. 우리가 진실의 중요성을 알아보는 정도만큼, 많은 것들에 관한 진실을 향한 바람 또는 진실을 손에 넣으려는 노력을 타당하게 자제할 도리는 없다.

3장

 하지만 누군가는 질문을 던질지 모른다. 도대체 언제부터 **타당하다**는 게 우리에게 그렇게 큰 의미가 있었느냐고. 우리 인간은 합리성의 요건을 무시하고 회피하는 데 재능이 있으며, 종종 이런 재능을 드러내는 것으로 악명 높다. 그렇다면 우리가 진실을 진지하게 받아들여야 한다는 합리적 정언명령을 존중하고 응할 것이라고 어떻게 생각할 수 있을까?

 너무 성급하게 지레 포기하기 전에 17세

기의 탁월한 포르투갈-네덜란드-유대계 철학자 바뤼흐 스피노자의 몇 가지 관련된(도움이 될 것으로 기대하는) 사고를 논의에 끼워 넣어 보자. 스피노자는 우리가 여기서 쟁점이 되는 종류의 합리성을 향유하든, 편안히 느끼든, 소중히 여기든 상관없이 그런 종류의 합리성이 우리에게 **부과될 것이라고** 주장했다. 우리 마음에 들든 아니든 간에 정말로 우리는 합리성에 복종할 **수밖에 없다**. 스피노자가 이 문제를 이해한 것처럼, 우리는 **사랑**에 의해 그렇게 복종하도록 **떠밀린다**.

스피노자는 사랑의 본성을 다음과 같이 설명했다. "사랑은 외적 원인의 관념을 동반하는 기쁨일 뿐이다"(《윤리학》*, Ⅲ

• 한국어판 다수

부, 정리 13, 주석). "기쁨"의 의미에 관해서는 "[개체가] 더 큰 완전성으로 나아가게 만드는 … 정념passion(수동 감정)에 이어지는 결과"라고 명기했다(《윤리학》, III부, 정리 11, 주석).

많은 독자들이 다소 불투명한 이 언명에 심한 거부 반응을 보일 것이다. 이 언명은 정말로 으스스하고 모호해 보인다. 더욱이, 스피노자의 사고를 생산적으로 활용하지 못하게 만드는 이런 장벽을 논외로 하더라도, 애당초 우리는 그가 합당하게 사랑에 관해 어떤 특별한 권위를 갖고 발언할 자격이 있는지 의문을 던질 수 있다. 어쨌든 스피노자는 자녀가 없었고, 결혼한 적도 없으며, 오래 만난 여자친구도 없었던 듯하다.

물론 스피노자의 개인적 삶에 관한 이

런 세부 사항은 낭만적 사랑과 부부간의 사랑, 부모의 사랑에 대해 그가 권위가 있는가 하는 의문을 제외하면 어떤 그럴듯한 관련성도 없다. 하지만 스피노자가 사랑에 관해 글을 쓰면서 실제로 생각했던 것은 이 중 어느 것도 아니다. 사실 스피노자는 반드시 **사람**을 대상으로 삼는 종류의 사랑에 관해 생각한 게 아니다. 내 생각에 스피노자가 염두에 두었던 사랑이 무엇인지 설명해 보도록 하겠다.

스피노자는 모든 개체에는 존재 전체에 걸쳐서 실현하고 유지하려고 노력하는 본질적 본성이 있다고 확신했다. 다시 말해, 그는 각 개체에는 자신의 가장 본질적 존재가 되고 그것을 유지하기 위한 근원적인 내적 추동력이 존재한다고 믿었다. "[개체가] 더 큰 완전성으로 이행하게 만드는

… 정념"에 관해 쓰면서 스피노자가 말하는 것은 외적 원인으로 생겨나는(이런 연유로 "정념[수동 감정]"이라고 한다—즉 개체 자신의 행위로 생겨나는 게 아니라 그것이 **수동적**이기에 나타나는 변화), 개체의 본질적 본성의 실현에서 생존하고 발전하는 역량의 증대다. 이런 목표들을 달성하기 위한 개체의 역량이 증대할 때면 언제나 이 목표들을 달성하는 개체의 힘의 증대에 향상된 생명력의 감각이 동반한다. 개체는 자신의 가장 참된 존재가 되고 그 존재를 지속할 수 있는, 한층 활력 있고 확대된 능력을 깨닫는다. 그리하여 그는 자신을 한층 온전하게 느낀다. 그는 한층 온전하게 살아 있음을 느낀다.

스피노자는 (내가 볼 때 충분히 그럴듯하게) 이처럼 활력이 증대하는 경험—자신의 참된 본성을 실현하고 유지할 수 있는, 확대되는 능력에 대한 깨달음—이 내재적으로 흥분되는 일이라고 가정한다. 어쩌면 이런 흥분감은 사람이 종종 활기를 북돋우는 운동의 동반으로 경험하는 흥분감과 견줄 만할 것이다. 폐와 심장, 근육의 역량을 평상시보다 격렬하게 행사할 때 느끼는 흥분감 말이다. 정력적으로 운동할 때 사람은 종종 운동하기 전보다 더 완전하고 생생하게 살아 있음을 느낀다. 운동을 하지 않을 때는 자신의 역량을 덜 온전하고, 덜 직접적으로 느끼고, 자신의 생명력의 감각도 줄어든다. 내가 볼 때, 스피노자가 "기쁨"에 관해 말할 때 바로 그런 경험을 염두에 두는 것이다. 내 생각에 그가 이해하는 기쁨은, 자신의 가장 진정한 본성과 일치하는 가운데 사는 힘, 삶을 지속하는 힘이 커지는 느낌이다.

이제 기쁨을 경험하는 어떤 사람이 그 기쁨에 어떤 외적 원인이 있음을 인식한다면, 즉 그 사람이 어떤 사람이나 물건을 자신에게 기쁨을 **주는** 대상으로 여기고, 그의 기쁨이 그 대상에 **좌우된다**고 여기면, 스피노자는 그 사람이 불가피하게 그 대상을 **사랑한다**고 믿는다. 스피노자가 이해하는 사랑은 그런 것이다. 우리가 자신에게 기쁨을 준다고 인식하는 것에 대응하는 방식이 바로 사랑이다. 따라서 스피노자의 설명에 따르면, 사람은 자신에게 기쁨의 원천이라고 인식하는 것은 무엇이든 사랑할 수밖에 없다. 사람은 언제나 자신의 존재를 지속하고 더 온전하게 자신이 되는 데 도움이 된다고 믿는 것을 사랑한다. 내가 볼 때, 스피노자는 여기서 최소한 제대로 방향을 잡은 듯하다. 많은 전형적인 사랑의 사례는 어느 정도 간단하게 그가 정의하는 양상을 보여 준다. 사람은 "자신을 찾고", "진정한 자신"을 발견하고, 자신의 근본적인 본성을 저버리거나 손상하지 않은 채 성공적으로 삶에 직면하는 데 도움이 된다고 느끼는 것을 사랑하는 경향이 있다는 것이다.

스피노자는 사랑의 본질적 본성에 대한 설명에 역시 정확해 보이는, 사랑에 관한 관찰을 덧붙인다. "사랑하는 사람은 필연적으로 사랑하는 대상을 계속 소유하고 유지하고자 한다"(《윤리학》, Ⅲ부, 정리 13, 주석). 사람이 사랑하는 것은 분명히, 그리고 필연적으로 그에게 소중하다. 사람의 삶, 그의 성취와 개인적 진정성의 지속적인 향유가 그가 사랑하는 것들에 달려 있다. 그러므로 그는 자연스럽게 그것들을 보호하며 언제든 활용할 수 있게 주의한다.

스피노자는 따라서 사람들이 진실(진리)을 사랑할 수밖에 없다고 믿었다. 그가 생각하기에 사람은 진실을 사랑할 수밖에 없는데, 왜냐하면 삶을 유지하고, 자신을 이해하고, 자신의 본성에 맞게 온전히 살 수 있게 하는 데 진실이 필요 불가결하다는 것을 인식할 수밖에 없기 때문이다. 각자의 개인적 본성, 특별한 역량과 욕구, 생존하고 번성하기 위해 필요한 자원의 활용 가능성과 올바른 사용에 관한 진실에 접근하지 못한다면, 사람은 자신의 삶에서 아주 심각한 난관에 부딪힐 것이다. 사람은 스스로 적절한 목표를 고안하지도 못할 것이며, 하물며 이런 목표를 효과적으로 추구하는 것은 더더욱 어렵다. 실제로 스스로 계속 살아가는 데도 한층 무력할 것이다.

스피노자는 주장하기를, 그러므로 진실을 경멸하거나 진실에 무관심한 사람은 자신의 삶을 경멸하거나 무관심한 사람임이 분명하다. 자신에 대해 이렇게 적대적이거나 무신경한 태도는 극히 드물며, 유지하기도 어렵다. 그리하여 스피노자는 거의 모든 사람―자신의 삶을 소중히 여기고 관심을 기울이는 모든 사람―이 알든 모르든 간에 진실을 사랑한다고 결론지었다. 내가 아는 한, 스피노자는 이 문제에 관해 전반적으로 옳았다. 사실상 우리 모두는 스스로 알든 모르든 간에 진실을 사랑한다. 그리고 삶의 문제들을 효과적으로 다루는 것이 무엇을 수반하는지를 인식하는 한 우리는 진실을 사랑할 수밖에 없다.

4장

지금까지 진실에 관해 논의하면서 다룬 문제는 본질적으로 실용적인—다시 말해 결과론적이거나 공리주의적인—고려 사항이다. 더욱이 이는 '진실'을 **분배적으로** 이해하는 고려 사항이기도 하다. 다시 말해, 진실을 어떤 신비한 실체로 간주하여 하나의 독립된 실재로서 식별하거나 검토하는 것이 아니라, 여러 개별 명제에 속하는(즉 여러 개별 명제에 '분배되어' 존재하는) 특성으로, 그리고 이런저런 참된 명제를 특징지을 때에만 마주칠 수 있는 특성으로 이해해야 한다. 내가 다루어 온 고려 사항은 많은 진실들이 사회적 또는 개인적 목표와 활동을 설계하고 추구하는 데서 얼마나 성공적인지 그 **유용성**과 관련되며, 이런 유용성은 오로지 그 진실들이 **참일** 때에만 가능하다. 이런 유용성은 쉽게 이해할 수 있고, 간괴히기 어려우며, 분별 있는 사람이라면 누구나 부인할 수 없다. 이런 점은 사람들이 진실—참된 특성—에 관심을 갖고 이를 중요하게 여기는 가장 분명하고 기초적인 이유를 제공한다.

이제 한 걸음 더 내딛어 보자. 우리는 진실의 분명한 실용적 효용을 고찰하기 시작할 때 이런저런 형태로 아주 자연스럽게 떠오르는 질문 하나를 검토하는 식으로 진실의 중요성에 대한 인식을 확대할 수 있다. 진실은 어떻게 이런 효용을 갖게 될까? 진실이 참이라는 사실과 그것이 그토록 많은 실용적 가치를 갖는다는 사실 사이에는 어떤 설명 가능한 연관이 있을까? 이와 관련해서 진실은 도대체 왜 유용한가?

이 질문에 답하는 것은 그다지 어렵지 않다. 적어도 어디서부터 답을 **시작**할지는 쉽게 알 수 있다. 우리는 실제 삶에 참여하거나 다양한 현실적 문제들을 계획하고 관리하려고 할 때, **현실**에 대처하게 된다(이 현실 중 일부는 우리가 만든 것이지만 대부분은 그렇지 않다). 우리가 노력을 기울인 결과―그리고 이런 결과가 우리에게 가지는 가치―는 적어도 일부분은 우리가 다루고 있는 실제 사물과 사건의 속성에 좌우된다. 이 결과는 이런 실제 사물과 사건이 어떤 모습인지, 우리의 관심사와 어떻게 맞물리는지, 그리고 인과적으로 관련된 그것들의 특징을 감안할 때, 우리가 하는 일에 어떻게 반응하는지에 좌우된다.

진실이 도구적 가치를 지닌다면, 그것은 진실이 이런 현실의 본성을 포착하고 전달하기 때문이다. 진실이 현실적인 효용을 갖는 것은 그것이 우리가 행동할 때 다뤄야 하는 실제 사물 및 사건의 속성(특히 그 인과적 힘과 잠재력)에 대한 정확한 설명으로 이루어지고, 따라서 그런 설명을 제공할 수 있기 때문이다.

우리는 관련된 정보가 충분히 있을 때에만, 성공을 합리적으로 기대하면서 자신 있게 행동할 수 있다. 우리는 지금 우리가 무엇을 하고 있는지, 그리고 그 과정에서 어떤 문제와 기회가 나타날 수 있는지를 충분히 알아야 한다. 여기서 '충분히 안다'는 것은 우리가 현재 다루는 과제나 관심사와 결정적으로 관련 있는 사실—즉 현실—에 관해 충분히 안다는 의미다. 다시 말해, 우리가 우리의 목표를 지적으로 정식화하고 달성하기 위해 필요한 만큼 현실에 관한 진실을 아는 것이다.

이런 진실을 이해할 때—즉 그것이 참임을 인식할 때—이로써 우리는 현재 우리에게 특히 흥미로운 세계의 측면들이 실제로 어떤 모습인지를 파악하는 셈이다. 그리하여 우리는 우리에게 진정으로 가능한 것이 무엇인지, 우리가 어떤 위험이나 위협을 마주하고 있는지, 그리고 우리가 무엇을 기대하는 게 타당한지를 인식할 수 있다. 다시 말해, 이로써 우리는—적어도 어느 정도는—현재 상황을 알 수 있다.

이제 관련된 사실들은, 우리가 그것에 대해 어떻게 믿든, 또는 어떤 기대를 갖든 상관없이 그 자체로 존재한다. 바로 이것이 사실성, 또는 현실성의 본질이자 그것을 정의하는 특징이다. 현실의 속성, 그리고 따라서 그 속성에 관한 진실은 우리의 의지로 직접 또는 즉각 통제하지 못하니 그 자체로 존재힌다. 우리는 사실을 바꾸지 못하며, 마찬가지로 단순히 판단이나 욕망의 충동으로 사실에 관한 진실에 영향을 미치지 못한다.

진실을 아는 만큼, 우리는 우리의 행동을 현실 자체의 성격에 따라 권위 있게 이끌 수 있는 입장에 놓이게 된다. 사실—현실의 참된 본성—은 탐구의 최종적이고 반박 불가능한 토대다. 사실은 모든 불확실성과 의심에 대해 궁극적으로 결정적인 해결과 반박을 지시하고 뒷받침한다. 어린 시절 나는 종종 여러 어른들이 내게 주입하려 한다고 느끼는 불합리한 관념과 믿음이 혼란스럽게 뒤섞여서 압박감을 느꼈다. 최대한 기억을 더듬어 볼 때 나 자신이 진실에 전념하게 된 것은, 일단 내가 진실을 파악하면 누군가(나 자신 포함)의 추측이나 직감, 희망 때문에 어지러워지거나 혼란을 느끼지 않을 것이라는 해방적 확신을 얻었기 때문이다.

알아야 하는 진실을 파악하는 정도만큼, 우리는 자신이 바라는 일이 무엇인지, 그리고 다양한 행동의 경로가 어떤 결과로 이어질지에 관해 분별 있는 판단을 할 수 있다. 우리가 어떤 사물과 사건을 다루고 있는지, 그리고 이런저런 행동 경로를 따를 때 그와 관련된 사물과 사건이 우리의 행동에 어떻게 반응할지를 어느 정도 충분히 알기 때문이다. 따라서 세계의 일부 지역에서 우리는 어느 정도 편안하고 안전하다고 느끼면서 움직일 수 있다. 우리는 그 환경의 중요한 구성 요소가 무엇인지, 어디서 그런 것을 발견할 수 있는지 알고 있으며, 여기저기 부딪히지 않은 채 자유롭게 움직일 수 있다. 그 지역에서 우리는—말하자면—집에 있는 것처럼 편안하게 느낄 수 있다.

물론, 우리가 있게 되는 '집'이 언제나 매력적이거나 솔깃한 장소는 아닐 수 있다. 무시무시한 함정과 덫으로 가득한 곳일 수도 있다. '집'에서 우리가 직면해야 하는 현실은 위험하고 불쾌할 수 있다. 우리는 직면할 미래를 완전히 자신하기는커녕, 미래를 효과적으로 뛰어넘는 데 성공할지, 심지어 살아남아서 미래를 통과할 수 있을지조차 확신하지 못할 것이다.

어떤 이들은 현실이 너무도 무섭거나 실망하고 낙담에 빠지기 쉽기에, 현실을 차라리 모르는 게 낫다고 조언할 것이다. 하지만 내가 볼 때, 우리가 다뤄야 하는 사실을 무시하기보다는 **직면**하는 게 거의 언제나 더 유리하다. 어쨌든 현실에서 눈을 돌린다고 해도 현실의 위험과 위협은 조금도 줄어들지 않는다. 게다가 우리가 사물을 직시할 수만 있다면, 현실이 제기하는 위험에 성공적으로 대처할 가능성은 분명 커진다.

이는 외부 세계의 현실뿐만 아니라 우리 자신의 내면적 경향과 성격에 관한 진실에도 똑같이 적용된다. 우리는 자신이 정말로 원하는 게 무엇인지, 무엇이 자신에게 가장 큰 만족을 줄지, 우리가 하고 싶은 대로 행동하지 못하게 막는 근본적인 불안이 무엇인지 인식할 필요가 있다. 물론 진정한 자기-지식self-knowledge을 얻기는 대단히 어려우며, 우리 자신에 관한 진실은 확실히 고통스러울 것이다. 하지만 우리 삶을 성공적으로 이끌기 위한 노력에서 언제든 자신에 관한 불편한 사실을 직시할 수 있는 태도는, 단순히 우리가 외부 세계에서 부딪히는 대상에 대한 충분한 이해보다 훨씬 중요한 자산일 수 있다.

진실이 없다면, 우리는 현실의 실상에 관해 아무 의견이 없거나, 있더라도 잘못된 의견만 가질 것이다. 어느 쪽이든 간에 우리는 지금 우리가 어떤 상황에 처해 있는지 알지 못한다. 우리를 둘러싼 세계에서나 우리 안에서나 무슨 일이 벌어지고 있는지 알지 못하는 것이다. 이런 문제들에 관해 어떤 믿음이 있다 하더라도 그것은 잘못된 믿음이다. 거짓 믿음은 당연히 우리가 현실에 대처하는 데 효과적으로 도움이 되지 않는다. 아마도 우리는 무지한 나머지 일시적으로 **행복하**거나 자신을 기만해서 잠시 **흡족할** 것이며, 이런 식으로 우리를 위협하는 온갖 어려움 속에서도 잠시나마 특히 화가 나거나 불안한 것을 피할 수 있다. 하지만 결국 우리의 무지와 거짓 믿음은 우리의 상황을 더욱 악화시킬 가능성이 높다.

무지와 오류의 문제는 물론 결국 우리를 어둠으로 몰아넣고 방치한다는 것이다. 우리에게 필요한 진실이 없으면, 우리 자신의 무책임한 추측이나 환상, 다른 사람들의 성가시고 믿기 어려운 조언 말고 그 무엇도 우리를 인도해 주지 못한다. 따라서 행동을 계획할 때, 우리는 아무 지식도 없이 추측을 쏟아내고 불안한 마음으로 그저 잘 되기를 바라는 게 최선이다. 우리는 자신이 어디에 있는지 알지 못한다. 눈을 가린 채 하늘을 나는 셈이다. 그저 허공을 더듬으면서 머뭇거리며 나아갈 수밖에 없다.

이렇게 무작정 더듬는 방식은 한동안은 잘 작동할 수도 있다. 하지만 더듬거리다가 문제에 부딪힐 수밖에 없다. 우리는 결국 맞닥뜨리게 되는 장애물과 위험을 피하거나 극복할 수 있을 만큼 알지 못한다. 사실 우리는 최후의 순간에야 그런 장애물과 위험을 알아채게 되지만 이미 너무 늦은 깨달음이다. 물론 그 시점에서 우리는 오직 우리가 이미 패배했다는 것을 깨달음으로써만 장애물과 위험을 알게 된다.

5장

오래된 정의에 따르면 인간은 합리적 (이성적) 동물이다. 합리성은 인간의 가장 뚜렷한 특징이다. 합리성 때문에 우리 인간은 본질적으로 다른 모든 종류의 생물과 구분된다. 게다가 우리는 합리성 덕분에 우리가 모든 생물보다 우월하다고 생각하려는 강한 성향이 있으며 또한 설득력 있는 이유가 있다고 스스로 확신한다. 어쨌든 합리성은 우리 인간이 가장 끈질기고 확고하게 자랑스러워하는 특징이다.

하지만 만약 진실과 거짓의 차이를 인정하지 않는다면, 우리가 합리적으로 행동한다고 적절하게 생각할 수 없다. 합리적이라는 것은 기본적으로 여러 이유에 적절하게 반응하는 문제다. 그런데 이런 이유들은 사실로 구성된다. 가령 비가 온다는 사실은 해당 지역에 있는 사람이 흠뻑 젖고 싶지 않으면 우산을 휴대해야 하는 이유—물론 반드시 결정적 이유인 것은 아니다—를 구성한다. 비가 무엇이고 우산이 어떤 역할을 하는지를 이해하는 합리적인 사람이라면 이 이유를 인식하게 마련이다. 약간 다르게 말하자면, 어떤 지역에 비가 온다는 사실은 그 지역에 있는 사람들이 흠뻑 젖지 않으려면 우산을 휴대할 이유가 있음을 의미한다.

특정한 지역에 비가 온다는 것이 **정말로**

사실일 때에만—그리하여 "해당 지역에 비가 오고 있다"는 언명이 **참**일 때에만, 그 사실 자체나 그에 관한 언명이 누군가에게 우산을 휴대할 이유가 된다. 거짓 언명은 어떤 합리적인 근거도 제공하지 않으며, 누구에게도 효과적인 이유로 작용하지 못한다. 물론 어떤 사람은 거짓 언명에 담긴 함의를 끄집어내는(즉 연역하는) 식으로 지적 기교를 보여 줄 수 있다. 다시 말해, 그 언명이 거짓이 **아니라** 실제로 참**이라면**, 어떤 결론을 합리적으로 정당하게 만들 **것인지**를 보여 주는 식이다. 이렇게 연역적 추론의 민첩성과 힘을 보여 주는 것은 흥미롭고 심지어 인상적일 수도 있으며, 어쩌면 또한 당사자에게 실체 없고 공허한 허영심을 불어넣는 작용을 할 수도 있다. 하지만 보통의 상황에서는 그런 기교가 큰 의미를 갖지는 않는다.

그렇다면 진실과 사실성이라는 관념은 합리성의 행사를 의미 있게 만드는 필수 요소가 된다. 합리성이라는 개념 자체를 이해하는 데도 필수적이다. 진실과 사실성이 없다면, 합리성 개념은 아무 의미도 없어지며, 합리성 자체가 (이렇게 부족한 상황에서 그 실체가 무엇이라고 밝혀지든 간에) 거의 아무런 쓸모가 없어진다. 만약 우리가 사실과 사실에 관한 참된 언명이 다양한 믿음(또는 믿지 않음)과 다양한 행동(또는 행동하지 않음)의 이유를 확보하는 데 필수적이라는 점을 인식하는 생물로서 자신을 생각하지 않는다면, 우리 자신이 합리성 덕분에 다른 생물보다 특별한 이점을 갖는 생물이라고 생각할 수 없다. 사실, 아예 우리가 합리적 생물이라고 생각할 수 없다.

만약 참과 거짓의 구별을 존중하지 않는다면, 우리가 그토록 자랑하는 '합리성'에 작별 인사를 고해야 마땅하다.

6장

 진실 관념과 사실성 관념은 분명히 밀접한 관계가 있다. 모든 사실에는 그것을 서술하는 참된 언명이 존재하며, 모든 참된 언명은 사실을 서술한다. 또한 **진실** 관념과 **신뢰**와 **확신** 관념도 밀접한 관계가 있다. 이런 관계는 '진실truth'이라는 단어와 다소 고풍스러운 영어 단어 'troth'의 두드러진 유사성을 고려할 때 어원적으로 드러난다. (어원에 관한 언급은 종종 개소리의 전조이기도 하지만, 잠깐만 참고 들어 보시라. 아니면 원한다면 직접 찾아보시라.)

이제 자주 쓰이는 용어는 아니지만, 지금도 우리는 약혼betrothal식이나 결혼식에서 남자와 여자가 서로에게 '**진심**troth을 맹세'하는 것을 흔히 이해한다. 서로 상대에게 자신의 **진심**을 맹세한다는 것은 무슨 의미일까? 이는 각자가 상대에게 **진실**할 것을 약속한다는 뜻이다. 두 사람은 도덕이나 지역의 관습에 따라 정의되는 여러 가지 기대와 요구를 충실히 이행하겠다고 서로 약속한다. 각자는 상대에게 적어도 그 특정한 요구와 기대의 이행에 관한 한 자신이 **진실**될 것으로 **믿어도** 된다고 확신을 준다.

물론 사람들이 서로를 신뢰하는 게 중요한 것은 약혼이나 결혼 같은 상황에만 국한되지 않는다. 다양한 형태와 방식의 사회적 관계와 공동체적 관계는 대개 사람들이 남들도 전반적으로 믿을 수 있다고 합당한 정도의 확신을 가질 때에만 효율적이고 조화로울 수 있다. 만약 사람들이 대체로 부정직하고 신뢰할 수 없는 존재라면, 평화롭고 생산적인 사회생활의 가능성 자체가 위협받는다.

그리하여 몇몇 철학자는 거짓말은 인간 사회의 결속을 결정적으로 훼손한다고 상당히 격렬하게 주장했다. 가령 이마누엘 칸트는 "진실 없이는 사회적 교류와 대화가 아무런 가치도 갖지 못한다"고 선언했다(《윤리학 강의》). 그는 또한 거짓말은 이런 식으로 사회를 위협하기 때문에 "언제나 타인에게 해를 끼친다"고 주장했다. "특정한 개인이 아닐지라도 인류 전체에게 해를 끼친다"는 것이다(〈이른바 이타적 동기에서 거짓말을 할 권리에 대하여〉). 미셸 몽테뉴도 비슷한 주장을 했다. "우리의 교류는 오직 말로 이루어지기 때문에 거짓을 말하는 사람은 사회의 반역자다"(〈거짓말에 관하여〉). "거짓말은 저주받은 악덕"이라고 몽테뉴는 선언했다. 계속해서 그는 다소 이례적으로 격렬하게 이 주제에 열중하면서 한마디 덧붙였다. "우리가 [거짓말의] 공포와 중대함을 인식한다면, 다른 죄보다도 정당하게 불길로 벌해야 마땅하다"(〈거짓말쟁이에 관하여〉). 다시 말해, 거짓말쟁이는—다른 어떤 범죄자들보다도 더욱—화형대에 묶어서 불태워야 마땅하다.

몽테뉴와 칸트의 주장에는 확실히 일리가 있지만, 과장을 하기도 했다. 두 사람이 주장하는 것처럼, 효과적인 사회적 교류는 사람들이 서로에게 진실을 말하는 것에 **전**

적으로 의존하지 않는다(가령 산소 없이는 호흡이 **아예 불가능**하기 때문에 호흡은 산소에 **전적으로 의존**하지만, 이 경우는 다르다). 또한 사람들이 거짓말을 한다고 해서 대화의 가치가 **전부** 없어지는 것도 아니다(몇 가지 진짜 정보가 전달되기도 하고, 심지어 대화의 오락적 가치가 커지기도 한다). 어쨌든 세상에는 온갖 종류의 엄청난 양의 거짓말과 잘못된 정보가 실제로 통용되지만(무수히 많은 개소리는 단편적인 일부에 지나지 않는다), 그래도 생산적인 사회생활이 아무튼 계속 유지된다. 사람들이 종종 거짓말이나 기만적인 행동을 한다고 해서 그들과 함께 살거나 이야기를 나누면서 이익을 얻는 것이 불가능하지는 않다. 다만 우리가 좀 더 조심해야 할 뿐이다.

우리는 허위와 기만이 존재하는 환경에

서도 충분히 성공적으로 살아갈 수 있다. 다만 사람들이 사실을 왜곡하는 경우와 우리를 정직하게 대하는 경우를 확실하게 구별하는 우리 자신의 능력에 타당하게 의지할 수만 있으면 된다. 그렇다면 우리 자신에 대해 일정한 확신을 갖는 게 정당한 한, 타인의 진실성에 대한 전반적인 확신이 필수적인 것은 아니다.

물론 우리는 쉽게 속는 편이다. 게다가 우리 스스로 이런 사실을 잘 안다. 따라서 우리가 기만 시도를 간파하는 자신의 능력에 대해 확실하고 타당한 신뢰를 확보하고 유지하기란 그렇게 쉽지 않다. 이런 이유로, 진실을 무시하는 태도가 무분별하게 널리 퍼지면 사회적 교류가 실제로 큰 부담이 될 것이다. 하지만 이런 부담으로부터 사회를 보호하고자 하는 우리의 관심이 진실에 마음을 쓰는 가장 근본적인 이유가 되는 것은 아니다.

누군가 우리에게 거짓말을 하거나 다른 식으로 진실을 무시하는 태도를 보일 때, 우리는 분노하고 불쾌해진다. 하지만 이런 반응은 몽테뉴나 칸트가 주장한 것처럼 우리가 마주한 거짓이 사회 질서를 위협하거나 훼손하는 것을 우려하기 때문이 아니다. 우리의 주된 우려는 분명 한 **시민**으로서 느끼는 우려가 아니다. 거짓말쟁이를 보면서 가장 직접적으로 일깨워지는 반응은 **공적 정신**이 아니다. 더 개인적인 반응이다. 중대한 공공의 이익이 직접 관련된 문제를 왜곡하는 경우를 제외하면, 대체로 우리는 거짓말쟁이가 사회 전반의 안녕에 해를 끼치는 것보다 우리 자신에 대한 행동에 더 경악하고 실망한다. 거짓말쟁이가 어떤 식으로든 인류 전체를 배신했는지 여부와 상관없이 우리가 격분하는 것은 그가 확실히 우리에게 해를 끼쳤기 때문이다.

7장

 거짓말은 어떻게 우리를 해치는가? 사실 누구나 알다시피, 거짓말이 우리를 전혀 해치지 않는 익숙한 상황도 많이 있다. 간혹 전체적으로 볼 때 거짓말이 진짜로 유익한 경우도 있다. 예를 들어, (우리 자신을 포함해서) 아무도 거짓말임을 안다고 해서 특별히 이익을 얻을 게 없거나 거짓말임을 알아서 오히려 우리나 다른 사람들이 심각한 고통을 겪는 경우에 거짓말은 이런저런 식으로 우리를 보호해 준다. 또는 우리가 유혹을 느끼지만 실은 이익보다는 해가 되기 쉬운 행동을 거짓말 덕분에 하지 않기도 한다. 분명, 때로 우리는 모든 걸 고려할 때 거짓말을 들은 게 실제로는 도움이 되었음을 인정해야 한다.

그렇다 하더라도, 우리는 이런 상황에서도 대개 거짓말쟁이의 행동에 **무언가** 나쁜 점이 있는 게 분명하다고 느낀다. 그 상황에서는 거짓말에 대해 고맙다고 느끼는 게 타당할지 모른다. 하지만 그 거짓말이 어떤 좋은 결과를 낳았다고 해도 우리는 거짓말에 의지하는 대신 진실을 고수하는 식으로 그런 유익한 결과를 얻었더라면 더 좋았을 것이라고 내심 믿는다.

거짓말에서 가장 근본적으로 나쁜 점은, 실제 상황을 파악하려는 우리의 자연스러운 노력을 방해하고 손상하려는 의도가 담겨 있다는 것이다. 거짓말은 우리가 실제로 벌어지는 일과 접촉하는 것을 방해하려고 고안된다. 거짓말쟁이는 거짓을 말하면서 우리가 실제 사실과 다른 것을 믿게 만들려고 한다. 거짓말쟁이는 자신의 의지를 우리에게 강제하려고 한다. 또한 우리로 하여금 자신이 날조한 이야기를 세상의 실제 모습으로 받아들이도록 유도하려고 한다.

거짓말쟁이의 시도가 성공한다면, 우리는 관련된 사실에 직접적이고 신뢰성 있게 토대를 둔 세계관이 아니라 그의 상상에서 나온 세계관을 갖게 된다. 우리가 그런 거짓말을 바탕으로 세계를 이해한다면, 우리가 사는 세계는 상상이 만들어 낸 세계가 된다. 더 나쁜 세계가 있을 수도 있지만, 이런 상상의 세계는 우리가 영원히 살기에 전혀 적합하지 않다.

거짓말은 우리의 현실 파악을 훼손하기 위해 고안된 것이다. 따라서 거짓말은 아주 실제적인 방식으로 우리를 미치게 만들려고 한다. 우리가 거짓말을 믿는 한, 우리의 마음은 거짓말쟁이가 우리를 속이려고 만들어 낸 허구와 환상, 환영에 점령되고 지배된다. 우리가 현실로 받아들이는 것은 남들은 직접 보고, 만지고, 경험할 수 없는 세계다. 따라서 거짓말을 믿는 사람은 '자기만의 세계'에 갇혀 살게 된다. 다른 사람은 들어갈 수 없고, 거짓말을 한 사람 스스로도 진정으로 속하지 않는 세계다. 그리하여 거짓말의 희생자는 진실을 박탈당한 정도만큼 공통된 경험의 세계로부터 차단되고, 다른 사람들이 찾거나 따라올 수 없는 환상의 영역에 고립된다.

그러므로 진실과 진실에 대한 관심은 단지 우리의 일상적인 실용적 관심사에만 국한되지 않는다. 그것들은 한층 깊고 해로운 의미를 갖기도 한다. 당대 최고의 시인으로 손꼽히는 에이드리엔 리치Adrienne Rich는 거짓말이—거짓말을 듣는 사람에게 해를 끼치는 것을 넘어서—거짓말을 한 사람 자신에게도 필연적으로 유해한 영향을 미친다고 설명한다. 시적으로 정확한 언어로 리치는 "거짓말쟁이는 이루 말할 수 없는 고독 속에 산다"고 말한다(에이드리엔 리치, 〈여성과 명예: 거짓말에 관한 몇 가지 단상Women and Honor: Some Notes on Lying〉, 《거짓말, 비밀, 침묵Lies, Secrets, and Silence》[뉴욕, 1979], 191쪽). 고독이 말 그대로 **이루 말할 수 없는** 까닭은, 거짓말쟁이는 자신이 **외롭다는** 것—자신이 날조한 세계에 아무도 없다는 것—을 드러낼 수도 없기 때문이다. 외로움을 토로하려면 자신이 거짓말을 한 것도 밝혀야 한다. 거짓말쟁이는 자기 생각을 숨기면서 자신이 믿지 않는 것을 믿는 척하며, 따라서 다른 사람들이 자신과 온전히 소통하지 못하게 만든다. 사람들은 그의 본모습에 반응할 수 없다. 그렇게 하지 못한다는 걸 알지도 못한다.

거짓말쟁이는 거짓을 말하는 한, 자신이 알려지는 것도 용납할 수 없다. 이는 거짓말의 피해자에게 모욕이 된다. 당연히 피해자의 자존심에도 상처를 입힌다. 보통 사람들이 어느 정도 당연하게 여기는 인간적 친밀감의 기본 형태―다른 사람이 마음속으로 무슨 생각을 하는지 아는 것―에 접근하는 것을 막기 때문이다.

리치가 말하는 것처럼, 어떤 경우에는 거

짓말이 한층 더 심각한 손상을 일으킬 수 있다. "개인적 관계에서 상대가 거짓말을 했다는 걸 알게 되면, 다소 미친 듯한 느낌을 받는다"(《거짓말, 비밀, 침묵》, 186쪽). 역시 명쾌한 통찰이다. 거의 알지 못하는 사람과 상대할 때, 우리는 상대의 말이 그가 실제로 믿는 내용과 일치한다고 생각하기 위해 어느 정도 의도적으로 그의 신뢰성을 평가해야 한다. 이런 평가는 보통 그가 말하는 특정한 주장에만 한정된다. 반면 친한 친구들을 대할 때는 대개 이런 두 조건이 느슨해진다. 우리는 친구가 대체로 정직하다고 여기며, 이를 거의 당연하게 여긴다. 우리는 친구가 하는 말은 거의 신뢰하는데, 친구가 지금 우리에게 진실을 말하는 것을 확인한 계산에 근거한 게 아니라 친구를 대하면 편하고 안전하다고 느끼기 때문이다. 흔히 말하는 것처럼, "우리는 친구가 우리에게 거짓말을 하지 않는다는 걸 **그냥 안다**".

친구끼리는 그런 접근과 친밀감에 대한 기대가 자연스러워진다. 그것은 계산에 따른 판단이 아니라 우리의 느낌—즉 관련된 객관적 데이터에 근거한 지적 평가가 아니라 우리의 주관적 경험—에 바탕을 둔 것이다. 친구를 신뢰하는 우리의 성향이 인간 본성에 속한다고 말하면 지나친 표현일 것이다. 간혹 우리가 실제로 말하듯이, 친구를 신뢰하는 것은 우리의 "제2의 본성"이 되었다고 말하는 것으로 충분하다.

그리하여 리치가 말하는 것처럼, 친구가 우리에게 거짓말을 한 사실을 알게 되면 마음속에서 다소 미친 듯한 느낌이 생겨난다. 이런 발견 때문에 **우리 자신**에 관한 무언가가 드러난다—단순히 우리가 계산을 잘못했거나 판단에 오류가 있었다는 게 아니라 한층 더 불편한 무언가가. **우리 자신의 본성**(즉, 제2의 본성)을 믿기 어렵다는 점이 드러난다. 이런 본성 때문에 신뢰해서는 안 되는 사람을 믿었으니 말이다. 그리하여 우리는 진실과 거짓을 구별하는 우리의 능력—다시 말해 진짜와 가짜의 차이를 인식하는 능력—에 대해 현실적으로 신뢰할 수 없음이 드러난다. 물론 친구를 속이는 데 성공한다는 것은 거짓을 말하는 사람에게 잘못이 있다는 뜻이다. 하지만 또한 이로써 기만의 피해자 역시 결함이 있음이 드러난다. 거짓말쟁이는 피해자를 배신하지만, 피해자는 자신의 감정에 배신당하기도 한다.

자기배신self-betrayal은 '미친 느낌'과 관

련이 있다. 비합리성의 특징이기 때문이다. 합리성의 핵심은 일관성에 있으며, 일관성 있는 행동이나 사고는 적어도 자신을 파괴하지 않는 방식으로 이루어진다. 아리스토텔레스는 사람이 "중용"—즉 과잉과 부족 사이의 중간 지점—에 따라 행동할 때 이를 합리적인 행동이라고 말했다. 누군가 건강을 위해 식이요법을 따르는데, 지나치게 적게 먹거나 너무 많이 먹어서 건강을 **개선하는 데 실패**할 뿐만 아니라 실제로 전보다 **건강이 나빠진다**고 생각해 보라. 아리스토텔레스는 사람이 중용에서 벗어나는 **실천적 비합리성**은 바로 이렇게 자신의 목적을 무너뜨리는 것, 이런 자기배신에 있다고 충고했다.

지적 활동도 마찬가지로 **논리적** 비일관성에 의해 훼손된다. 어떤 사고 흐름이 모순을 낳으면, 계속 진전하면서 정교해지는 경로가 막힌다. 마음이 어떤 방향을 향하든 간에 앞으로 나아가지 못한다. 이미 부정했던 것을 긍정해야 하거나 이미 긍정했던 것을 부정해야 한다. 그리하여 원래의 목표를 좌절시키는 행동처럼, 모순된 사고는 자신을 무너뜨리기 때문에 비합리적이다.

누군가 자신이 믿는 게 당연하다고 여겼던 사람에게 거짓말을 들었다는 걸 깨닫게 되면, 그는 스스로 정한 신뢰감에 의지할 수 없음을 알게 된다. 그는 확신할 수 있다고 여기는 사람들을 찾으려는 노력에서 자신의 성향 때문에 배신당했음을 발견한다. 이런 성향 때문에 그는 결국 진실을 얻기는커녕 놓쳤다. 자신의 본성에 따라 스스로 길을 찾을 수 있다고 생각했지만, 이는 결국 자멸적이고 따라서 비합리적인 가정이었다. 그는 자신이 본성상 현실과 동떨어져 있음을 깨닫기 때문에 다소 미친 듯한 느낌을 받는 것도 당연하다.

8장

 개인적 관계에서의 거짓말에 대한 리치의 생각이 통찰력 있고 깨우침을 주는 것 같겠지만, 거의 모든 문제가 그렇듯 이 문제 또한 한쪽 면만 있는 것이 아니다. 또 다른 훌륭한 시인—어쩌면 가장 위대한 시인—은 약간 다른 이야기를 들려준다. 셰익스피어의 매력적이고 도발적인 소네트 138번을 들어 보자.

  내 연인이 자신은 진실의 화신이라고 맹세할 때,

나는 그녀가 거짓말을 하는 걸 알면서도 믿는다.
그러면 그녀는 아마 나를 세상의 쓴맛을 모르는
철부지 청년이라 생각하려니.
그녀가 내 한창 시절이 이미 지났음을 알면서도
나를 젊은이로 여기려나 헛되이 생각하고
나는 거짓을 말하는 그녀의 혀를 믿는다.
이처럼 양쪽 모두 단순한 진실을 억누른다.
왜 그녀는 자신이 옳지 않다고 말하지 않는가?
왜 나는 내가 나이가 들었다고 말하지 않는가?
아, 사랑에서 가장 좋은 마음씨는 믿는 척하는 것
 이요,
사랑에 빠진 연상은 나이 얘기를 싫어하나니.
그래서 나는 그녀와 함께 거짓말을 하고 그녀는
 나와 함께 거짓말을 하며,
우리는 거짓말로 서로의 허물을 달랜다.

널리 받아들여지는 교리에 따르면, 연

인끼리는 서로에 대한 신뢰가 필수적이다. 그런데 셰익스피어는 여기에 의문을 던진다. 소네트에서 그는 연인들에게 가장 좋은 것—"사랑에서 가장 좋은 마음씨"—은 사실 **진정한** 신뢰가 아니라고 말한다. 단순히 "믿는 **척**"하는 게 훨씬 좋지는 않더라도 그만큼 좋다는 것이다.

셰익스피어의 시에 등장하는 여자는 자신이 완전히 진실하다—그녀는 "자신이 진실의 화신이라고 맹세한다"—고 공언하지만, 남자가 자기가 아는 것보다 젊다고 믿는 척한다. 남자는 그녀가 실은 자기가 젊은이임을 믿지 않는 걸 알지만, 진실만을 말한다는 그녀의 주장을 받아들이기로 결심한다. 그리하여 남자는 그녀가 자기가 말한 나이에 관한 거짓말을 정말로 믿으며, 정말로 자신을 실제보다 젊게 여긴다고 감히 생각한다.

여자는 자신의 정직함에 대해, 그리고 그가 말하는 나이를 믿는 것에 대해 거짓말을 한다. 남자는 자신의 나이에 대해, 그리고 정말로 진실하다는 여자의 자기소개를 받아들인다고 거짓말을 한다. 둘 다 이 모든 걸 안다. 각자 상대가 거짓말을 하고 있다는 걸 알고, 둘 다 상대가 자신의 거짓말을 믿지 않는다는 것도 안다. 하지만 두 사람은 상대가 완벽하게 솔직하다고 거짓되게 믿는 척한다. 이렇게 거짓말이 모인 덕분에 "믿는 척"으로 하나가 된 두 연인은 자신에 관한 자기 기만적 거짓말—흠잡을 데 없이 정직하다는 거짓말과 매력적으로 젊다는 거짓말—을 상대가 받아들였다고 믿을 수 있다. 그리하여 두 사람은 함께 거짓말을 하면서 기분 좋은 거짓말로 대화를 마무리한다.

앞서 나는 거짓말의 결점 중 하나는 거짓말쟁이가 자기 생각을 드러내지 않음으로써 통상적으로 가정되는 기본적 방식의 인간적 친밀감을 차단하는 것이라고 말했다. 분명 이런 차단은 셰익스피어가 묘사하는 상황의 특징이 아니다. 소네트의 연인들은 상대의 마음속만이 아니라 그 이면에 무엇이 있는지도 안다. 두 사람은 상대가 **정말로** 무슨 생각을 하는지 안다. 그리고 상대가 이것을 안다는 것도 안다. 두 연인은 서로에게 터무니없는 거짓말을 하지만, 어느 쪽도 속지 않는다. 둘 다 상대가 거짓말을 하고 있다는 걸 알고, 상대가 자신의 거짓말을 빤히 들여다본다는 것도 안다.

결국 둘 다 실은 속임수에 성공한 게 아

니다. 둘 다 몇 차례 거울상처럼 반영하며 다층적으로 기만 시도를 꾸미지만 실제로 어떤 일이 벌어지는지 잘 안다. 두 사람에게는 모든 게 투명하기에 걱정할 게 없다. 두 연인은 거짓말 때문에 사랑이 훼손되지 않는다는 걸 알기에 안심한다. 온갖 거짓말을 듣고, 온갖 거짓말을 하면서도, 그리고 설령 신실을 잃게 되더라도 자신의 사랑이 여전할 것임을 안다.

생각건대, 이렇게 거짓말을 하는 연인들이 공유하는 친밀감은 상대의 거짓말을 간파한 덕분에, 그리고 자신의 거짓말이 기만에 성공하지 못했음을 아는 덕분에, 특히 깊고도 즐거운 느낌일 것이다. 그들이 이룬 친밀감은 다른 관계라면 어떻게든 감추기 위해 갖은 애를 썼을 내면의 구석구석까지 퍼져 나간다. 그럼에도 불구하고 그들은 서로를 꿰뚫어 보았다는 것을 안다. 각자 감춰 두던 내면의 구석구석이 들통이 났다. 서로 자신이 상대를 차지하고 상대가 자신을 차지하고 있다는 깨달음, 이처럼 서로 상대의 거짓말을 꿰뚫어 봄으로써 놀랍게도 기만 시도가 사랑의 진실로 이어졌다는 깨달음은 정말로 기분 좋은 일임이 틀림없다.

나는 원래 거짓말을 권하거나 용납하지 않는다. 대부분의 경우에 나는 진실을 굳게 믿는다. 하지만 만약 거짓말을 함으로써 셰익스피어가 소네트에서 생생하게 묘사한 상황에 빠져들 수 있다는 확신이 든다면, 다음과 같이 조언하고 싶다. 당장 거짓말을 하시라!

9장

 진실은, 말하자면 조각조각 분리했을 때 도구적 가치를 갖는다. 어쨌든 유용한 것은 특정한 개별적인 진실이다. 진실의 실용적 가치는 엔지니어에게는 재료의 인장 강도와 탄성 같은 성질에 관한 기술記述에서, 의사에게는 이를테면 백혈구 수치에 관한 기술에서, 천문학자에게는 천체 궤도에 관한 기술에서 드러난다.

 이런 진실을 추구하고 활용하는 이들 가운데 누구도 반드시 진실 **그 자체**에 관심을 두지는 않는다. 그들이 주로 관심을 갖는 것은 구체적인 사실, 그리고 이런 사실이 뒷받침하는 추론이다. 그렇다고 해서 **사실성**이나 **진실**이라는 추상적 관념에 관심을 기울여야 하는 것은 아니다. 그들은 특정한 탐구 영역에 속하는 사실들에 관한 진실에 호기심을 갖는다. 이런 호기심은, 그들이 특별히 흥미를 느끼는 특정한 주제에 관해 참이고 따라서 유용하다고 여기는 믿음의 집합이 얻어지면 충족된다.

그런데 개별 진실들의 가치에 관해 이미 앞에서 제시한 진부한 설명과 구별되는, **진실 자체**의 가치에 관해서는 무슨 말을 할 수 있을까? 우선 진실 자체의 가치에 관해 질문하거나 우리가 진실 **그 자체**에 관심을 기울여야 하는 이유가 무엇인지 질문할 때, 그것이 무슨 의미인지 분명히 해두자. 아니 그 전에 애당초 **진실**을 중시하고 관심을 갖는다는 것이—구체적으로, 실천적으로—**무슨 의미인지** 정말로 분명히 해야 한다. 단순히 특정한 진실을 획득하고 활용하는 것에 관심을 기울이는 것과 달리, 진실에 관심을 기울인다는 것은 실제로 무슨 뜻일까?

우선 첫째로, 물론 진실에 관심을 갖는 사람은 특정한 진실, 특히 특별히 흥미로운 진실이나 특별히 가치 있어 보이는 진실을 확실하고 폭넓게 파악하는 것에 관심을 갖는다. 진실에 관심을 기울이면 다른 차원도 따라온다. 전에는 알려지지 않았거나 모호했던 중요한 진실을 파악하고 이해하면 만족을 느끼고 어쩌면 연인만의 특별한 즐거움까지 느낀다. 그리고 이미 갖게 된 진실에 대한 이해가 왜곡되거나 불신당하지 않도록 지키겠다는 의지가 생긴다. 또한 능력이 되는 한 대체로 무지와 오류, 의심과 왜곡보다 참된 믿음을 선호하는 활기차고 안정된 분위기를 사회에서 장려하려고 마음먹는다. 특정한 주제에 관한 구체적인 진실을 찾는 데 전념하는 이들도 이런 포부를 진심으로 공유한다고 가정해도 무리는 아니다. 사실 이런 포부를 하찮게 여기는 사람을 찾기는 어려울 것이다.

어쨌든 진실에 대한 관심은 개별적 진실을 모으는 것에 대한 관심에 비해 우리의 삶과 우리의 문화에서 아주 다른 역할을 한다. 이런 관심은 더 깊고 보편적인 의미를 갖는다. 그리고 사실에 호기심을 품고 탐구의 중요성에 전념하게 만드는 토대이자 동기가 된다. 우리가 진실을 쌓는 데 관심을 갖는 것은 진실이 우리에게 중요하다는 걸 알기 때문이다.

이런 이야기는 진실의 유용성에 관해 오래전에 한 이야기를 반복한 것에 지나지 않는다. 하지만 여기서 한 가지 이야기를 덧붙여야 한다. 이 이야기는 우리의 실용적 필요와 이해관계에만 국한되지 않는 좀 더 풍부한 철학적 논의다.

우리는 의도를 실현하려고 노력하다가 장애물에 부딪히면서—다시 말해 우리의 의지를 실행하다가 반대에 부딪히면서—나 자신이 다른 존재들로부터 구별된 채, 세계에서 독립된 존재라는 것을 배운다. 우리 경험의 어떤 측면이 자신의 바람대로 움직이지 않고, 오히려 우리의 이해관계에 굴하지 않거나 심지어 적대적일 때, 우리는 그런 경험이 우리 자신의 일부가 아님을 분명히 깨닫는다. 우리는 이런 경험이 우리의 직접적, 즉각적 통제를 받지 않는다는 걸 인식하며, 오히려 우리와는 독립되어 있다는 점이 분명해진다. 바로 여기서 실재(현실) 개념이 탄생한다. 실재는 본질적으로 우리를 제한하는 개념이며, 우리가 단순히 의지를 움직여서 바꾸거나 통제할 수 없다.

우리가 어떻게 제한되는지, 제한의 한계가 무엇인지 더 자세히 알게 되는 정도만큼, 우리는 우리 자신의 경계선을 그으면서 스스로의 형태를 파악하게 된다. 우리는 무엇을 할 수 있고, 무엇을 할 수 없는지, 그리고 실제로 가능한 일을 이루기 위해 어떤 노력을 기울여야 하는지를 배운다. 우리가 가진 힘과 취약성을 배운다. 이런 과정을 통해 우리의 분리성separateness을 한층 더 공감적으로 지각하게 되며, 또한 우리가 어떤 존재인지 구체적인 정의를 얻게 된다.

그리하여 우리 자신의 정체성에 관한 인식과 이해는 우리와 완전히 동떨어져 존재하는 실재에 대한 우리의 평가에서 생겨나고 이 평가에 본질적으로 의존한다. 다시 말해, 정체성의 인식과 이해는 우리가 직접적, 즉각적으로 통제할 수 없는 사실과 진실이 존재한다는 인식에서 생겨나고 그 인식에 의존한다. 이런 사실이나 진실이 존재하지 않는다면, 세계가 언제나 우리의 선호나 바람에 따라 순순히 바뀐다면, 우리는 나 아닌 다른 것과 우리를 구별할 수도 없고 특히 우리 자신이 무엇인지 지각할 수도 없을 것이다. 완고하게 독립적인 실재와 사실과 진실의 세계를 인식함으로써만 우리는 다른 것들과 구별되는 존재로서 자신을 인식하는 동시에 우리 자신의 정체성의 구체적인 본성을 분명하게 설명할 수 있다.

그렇다면 사실성과 실재의 중요성을 어떻게 진지하게 받아들이지 않을 수 있겠는가? 어떻게 진실에 관심을 갖지 않을 수 있는가?

그럴 수 없다.

해제

한성일(서울대학교 철학과 교수)

 미국의 철학자 해리 프랭크퍼트는 2005년에 《개소리에 대하여》를 출간하고 이 책에서 미처 다루지 못한 주제를 논하기 위해 이듬해 《진실에 대하여: 개소리가 난무하는 사회에서》를 펴냈다. 《개소리에 대하여》는 1986년에 발표한 자신의 학술 논문을 바탕으로 학술적 독자를 염두에 두고 저술했지만, 〈뉴욕타임스〉 베스트셀러에 오르는 등 예상치 못한 대중적 반향을 불러일으켰다. 따라서 프랭크퍼트가 《진실

에 대하여: 개소리가 난무하는 사회에서》를 집필할 때 철학에 익숙하지 않은 대다수 독자층도 고려했을 것이 분명하다. 그럼에도 불구하고 이 책의 제한된 분량 안에서 독자 모두를 충분히 만족시킬 만큼 관련 주제를 심도 있게 다루는 데는 한계가 있을 수 있다. 이 글의 목적은《진실에 대하여: 개소리가 난무하는 사회에서》를 읽는 이들이 책의 논지를 보다 온전히 이해하는 데 보탬이 되고자 함이다.

《개소리에 대하여》는 개소리가 난무하는 현대 사회의 현상을 마주하며, 개소리에 대한 철학적 설명을 제시한다. 개소리쟁이는 사실을 전하는 듯 말하지만 그게 진실인지 별반 신경 쓰지 않는다. 진실에 대한 무심함, 이것이 프랭크퍼트가 말하는 개소리의 본질이다. 그의 이런 분석은 단순히 개소리가 무엇인지 기술하는 것을 넘어 개소리의 본질에 대한 이해를 통해 개소리는 바람직하지 않은 것이고 따라서 해서는 안 된다는 규범적 결론을 내리려 의도된 것이다. 이는 진실에 대한 무심함이 바람직하지 않은, 비난받을 만한 태도임을 전제한다. 즉 진실은 우리에게 중요한 것이고, 우리는 진실을 중시해야 한다는 것을 전제한다.• 그렇다면 진실은 왜 중요한가? 우리는 왜 진실을 중시해야 하는가? 《진실에 대하여: 개소리가 난무하는 사회

• 진실이 우리에게 중요하다는 진술이나 우리는 진실을 중시해야 한다는 진술은 학술적 진술처럼 들리지 않지만, 이 두 진술은 프랭크퍼트적 의미의 중요성 개념과 중시함 개념을 포함한, 특별히 프랭크퍼트적 의미의 내용을 담고 있다. (여기서 '중요하다'와 '중시한다'는 프랭크퍼트가 사용하는 영어 표현 'important'와 'care about'에 대한 번역 표현으로 사용했다.) 하지만 현재 맥락에선 프랭크퍼트가 말하려는 바를 이해하는 데에 '중요성'과 '중시함'에 대한 우리의 일상적 이해만으로 충분하다.

에서》에서 프랭크퍼트는 전작이 다루지 않은 이 물음에 대한 답을 하려 한다.

프랭크퍼트의 답변은 기본적으로 진실의 중요성은 진실의 실용성에 있다는 것이다. 프랭크퍼트 자신이 말하듯, 이 답변은 그 자체로는 다소 진부한 것이 사실이다. 그러나 그가 이 답변을 전개하는 과정은 흥미롭고 통찰력 있는 생각들로 이루어져 있다. 프랭크퍼트는 진실이(혹은 진실에 대한 앎이) 실용적 측면에서 왜 중요한지 설명하고, 합리성rationality, 진실성truthfulness, 실재성reality과 진실이 맺고 있는 연결점을 고찰함으로써, 진실의 중요성에 대한 한층 더 심화된 이해를 도모한다. 아래 네 절에서 1. 진실의 실용성, 2. 진실과 합리성, 3. 진실과 진실성, 4. 진실과 실재성에 대한 성찰을 통해 프랭크퍼트가 진실의 중요성에 대해 말

하는 바가 무엇인지 설명하도록 하겠다.•

1. 진실의 실용성

진실을 추구해 지식을 축적하지 않고서는 사회가 번영하거나 심지어 생존할 수 없다. 우리의 생존과 번영을 위해 진실은 필수불가결하다. 여기에 진실의 중요성이 있다. 사실, 진실의 중요성과 관련해서는 깊은 철학적 분석과 성찰이 필요하지 않을 수 있다. 이는 일종의 상식이다. 그도 그럴 것이, 프랭크퍼트 역시 이 상식적 생각을 직접적으로 설명하는 데 많은 지면을 할애하지 않는다. 그보다는 이런 상식에 반하

• 《진실에 대하여: 개소리가 난무하는 사회에서》는 서론과 9개 장으로 이뤄져 있다(사실 이 책은 다소 긴 논문이라고 봐도 무방할 정도로 짧은 책이다). 이 글의 네 절은 책 내용에 대한 분석의 관점에서 분류한 것이지 책의 전개 순서를 따른 것은 아니다. 하지만 책의 순서에 대체로 부합한다.

여 진실에 대한 존중에 가치를 두지 않는, 소위 '포스트모더니즘'이라 불리는 지적 경향을 비판하는 데 더 많은 관심과 노력을 기울인다.

프랭크퍼트가 이해하는 포스트모더니즘에 따르면, 진실은 주관적 관점이나 개인의 선호에 의해 결정되는 것일 뿐, 객관적 진실이나 참과 거짓의 객관적 구분이란 건 존재하지 않는다. 만약 진실이 정말 이런 것이라면, 진실을 중시해야 한다는 주장은 설득력을 잃게 된다. 그러나 프랭크퍼트가 보기에, 조금만 주의를 기울여 실제 현실을 들여다보면, 객관적 진실의 실재성을 부정하긴 힘들다. 프랭크퍼트는 포스트모더니스트의 생각과 달리 객관적 진실이 다양한 영역에서—(1) 공학, 건축, 의료 등 (2) 역사적 분석이나 사회 논평 (3)

도덕적 판단이나 개인의 목표 설정—필수적인 역할을 하고 있음을 다음과 같은 방식으로 보여 준다.

(1) 우리가 전화를 사용하고, 길 안내를 받으며, 기상을 예측할 수 있는 것은 인공위성 덕분이다. 인공위성이 궤도에 안착해 제 기능을 할 수 있는 것은 정확한 계산과 엄밀한 설계 등 관련 사실에 기반한다. 물론 이 사실은 주관적 관점이나 개인의 선호에 따른 것이 아니다. 객관적 진실이 아니었더라면 인공위성이 제공하는 혜택을 누리지 못했을 것이다. 마찬가지로 건축, 의료, 심지어 음악과 미술 분야에서도 우리가 누리는 많은 혜택은 객관적 진실을 추구했기에 가능한 것이다.

(2) 역사적 분석이나 사회 논평도 기본적으로 다르지 않다. 물론 과거를 고증하고 분석하는 일이나 인물과 정책에 대한 사회적 평가를 내리는 데에 분석가나 평가자의 주관적 관점이나 그들이 기반하고 있는 문화적 요소가 영향을 미치는 것은 사실이다. 그러나 이는 역사적 분석이나 사회 논평에서 진실을 알기가 상대적으로 더 어렵다는 것을 말할 뿐, 역사적 분석이나 사회 논평에 객관적 진실이 없다는 것은 아니다. 임진왜란이 (우리가 일본을 침략해서가 아니라) 일본이 우리를 침략해 발발된 것이 객관적으로 진실임을 합리적으로 부정할 순 없다.

(3) 어떤 사람을 훌륭한 성품을 가지고 있다고 판단하는 것은 그를 향해 갖는 긍정

적 감정을 표현하는 것으로 이해될 수 있다. 그렇다면 이런 도덕적 판단은 참-거짓의 사안이 아닐 수 있다. 작가가 되기를 목적한다는 것은 문학 활동의 욕구 실현을 의지한다는 것으로 이해될 수 있다. 그렇다면 개인의 목표 설정 역시 참-거짓의 사안이 아닐 수 있다. 감정의 표현이나 욕구 실현의 의지는 사실을 기술하는 것이 아닐 수 있으니 말이다. 그러나 도덕 판단이나 목표 설정은 그 자체로 참-거짓의 사안이 아니라 하더라도 이들은 객관적 진실에 기반한다. 당신이 어떤 이가 훌륭한 성품을 가지고 있다고 판단한다면, 그의 평소 행동거지에 관한 사실에 기반해 판단한 것이다. 당신이 작가가 되기를 원한다면, 그렇게 원하게 된 것은 문학 활동에 관한 사실에 기반한 것이다.

이처럼 실제 현실을 올바로 인식하는 한, 객관적 진실이 실재한다는 것을 부인할 수 없고, 우리의 개인적 삶과 사회적 삶이 객관적 진실에 기반한다는 것을 부인할 수 없다. 사회가 직면한 난관을 극복하기 위해 우리가 기댈 것은 진실이다. 인생을 살아 나가기 위해 개인이 기댈 것도 진실이다. 우리의 생존과 안녕을 위해 진실은 필수불가결하다. 합리적 존재자라면 진실을 중시해야 한다는 것을 부정할 수 없다. 이것이 1장과 2장에서 프랭크퍼트가 말하는 진실의 중요성이다.•

• 프랭크퍼트는 4장에서 보다 구체적으로 진실이 어떻게 우리에게 실천적으로 유용한지에 대해 설명한다. 4장의 내용은 이 글에서 더 설명하지 않아도 독자가 이해하는 데에 별 어려움이 없을 것이라 생각해 이 글의 본문에서 다루지 않기로 한다. 해당 내용을 아주 간략히 서술하면 이렇다. 우리가 알게 되는 진실에는 외적 대상에 대한 진실과 우리 자신에 대한 진실이 있다. 외적 대상에 대한 진실은 그 대상이 어떤 성질이나 힘을 가지는지에 대한

이상의 프랭크퍼트의 주장은 그 핵심에 있어 별 이론의 여지 없이 수용할 만한 설득력을 지닌다. 다만 그가 이 주장을 전개하는 과정에서 다소 부수적으로 한 주장 가운데 다시 생각할 것이 하나 있다. 앞선 설명에서, 프랭크퍼트는 포스트모더니즘을 객관적 진실을 부정하는 상대주의로 이해한다. 포스트모더니즘에 대한 이런 이해 아래에서, 그의 비판은 적절하고 옳다. 하지만 포스트모더니즘에 대한 그의 이해가 옳은 것인지는 분명치 않다. 스스로를 '포스트모더니스트'라 칭하면서 프랭크퍼트

사실에 해당한다. 외적 대상에 대한 이런 지식은 그 대상에 대한 행동을 예측하게 하고 그 대상을 통제하게 해 준다. 이것이 외적 대상들에 대한 진실이 우리에게 유용할 수 있는 방법이다. 우리 자신에 대한 진실은 어떠한가? 우리 자신에 대한 진실은 깊은 자기-이해를 갖게 한다. 자기-이해가 어떻게 유용할 것일 수 있는지는 이 글의 2절에서 다룬다.

의 비판 대상이 된 얄팍한 상대주의를 주장하는 사람이 있을지 모른다. 그러나 이는 분별 있는 포스트모더니스트의 주장이 아니다. 그들의 주장은 객관적 진실이 권위주의적 방식으로 이해되지 않아야 한다는 것이지, 객관적 진실이 없다는 것이 아니다.•

  개소리쟁이는 진실을 별로 신경 쓰지 않는다. 이런 종류의 진실에 대한 무심함은 프랭크퍼트 못지않게 분별 있는 포스트모더니스트 역시 극렬히 반대할 만한 태도이다. 프랭크퍼트가 포스트모더니즘을 얄팍한 상대주의로 이해하고 논의를 전개한 것은 다소 실망스럽고 아울러 위

• 즉, 그들의 주장은 (객관적) 진실을 담화적(discursive) 영역을 초월해 있으면서 믿음에 대한 규제적 역할을 하는, 물-자체와 같은 어떤 것으로 이해해선 안 된다는 것이다.

험한 측면이 있다. 이는 포스트모더니즘을 옹호하는 많은 지성들이 얄팍한 상대주의를 주장하는 것으로 독자를 오도하여 사실과 달리 이 지성들을 개소리쟁이의 지위로 전락시키는 효과를 지니고, 그로 인해 포스트모더니즘에 대한 그의 비판이 자칫 개소리의 또 하나의 사례가 될 위험이 있으니 말이다.

2. 진실과 합리성

인간이 다른 존재자와 구분되는 특징은 본성상 합리적이란 것이다. 합리적이라는 것은 무엇인가? 합리성을 이해하는 한 가지 방식은 이렇다: 합리적이라는 것은 이유에 적절히 반응한다는 것이다. 5장에서 프랭크퍼트는 합리성에 대한 이런 이해를 바탕으로, 합리적 존재자인 우리는 참과 거짓을 구분하여 무엇이 참인지 살피지 않을 수 없음을 보이고자 한다.

　잠을 자다 뒤척이거나 자기도 모르게 다리를 떠는 것은 특별히 인간적 면모가 드러나는 행위가 아니다. 우리 행위에서 인간적 특징이 드러나는 것은 이유를 가지고 행위할 때이다. 아침에 집을 나서면서 우산을 챙겼을 때, 당신은 이유 없이 그렇게 한 것이 아니다. 당신이 우산을 챙겨 나간 것은 밖에 비가 왔기 때문이다. 밖에 비가 왔다는 사실이 당신이 우산을 챙긴 이유이다. 물론 밖에 비가 오지 않았더라면, 당신은 우산을 챙기지 않았을 것이다. 우산을 챙길 (좋은) 이유가 없었기 때문이다. 당신은 밖에 비가 오고 있는지 아닌지 여부에 맞춰, 즉 우산을 챙길 (좋은) 이유가 있는지 여부에 맞춰, 적절한 방식으로 우산을 챙길지

말지, 당신 행위를 결정한다.

우리는 원하는 바가 있고 목적하는 바가 있다. 이를 실현하기 위해서는 어떤 사실이 성립하는지 잘 살펴야 한다. 당신은 비에 젖지 않길 원하고, 비에 젖을 일이 없다면 우산 같은 불필요한 물건을 들고 다니지 않길 원한다. 당신이 원하는 바를 실현하려면 당신은 밖에 비가 오는지 오지 않는지, 즉 우산을 챙길 이유가 있는지 없는지 잘 살펴야 한다. 우리가 우리 목적을 효율적으로 성취하려는 합리적 존재자라면, 우리는 어떤 행위를 하려고 할 때 그렇게 행할 이유가 있는지 잘 살펴야 한다. 행위할 이유가 있는지 살피는 것은 어떤 사실이 성립하는지 살핀다는 것, 즉 무엇이 참인지 살핀다는 것이다. 참과 거짓을 구분하여 무엇이 참인지 살피는 것은 우리의

본성인 합리성이 요구하는 바이다.•

이상이 이유에 반응적인 우리의 합리적 본성에 대한 고찰을 통해 진실이 어떻게 우리에게 중요한지, 이에 대한 프랭크퍼트의 설명이다. 프랭크퍼트는 이런 설명을 제시하기 앞서 3장에서 스피노자의 생각에 기대어, 우리가 왜 우리의 합리적 본성상 진실을 사랑할 수밖에 없는지 설명

• 철학자들은 행위의 이유를 규범적(normative) 이유와 동기적(motivating) 이유, 두 가지 종류로 구분한다. (이들 모두와 구분되는 설명적 이유를 제시하는 경우도 있긴 하다.) 어떤 행위에 대해, 그렇게 행할 규범적 이유가 있다는 것은 그렇게 행할 (좋은) 이유가 있다는 것이고, 그렇게 행할 동기적 이유가 있다는 것은 그런 행위를 하도록 추동하는 이유가 있다는 것이다. 위에서 말한 이유는 규범적 이유에 해당한다. 즉, 앞선 주장은 우리가 합리적이려면, 어떤 행위를 할 때, 그 행위를 할 (좋은) 이유가 있는지 살펴야 한다는 것이다. 프랭크퍼트는 행위의 규범적 이유를 관련된 어떤 사실 혹은 진실과 동일시한다. 이는 규범적 이유에 대한 논의에서 큰 이견이 없는 생각이다. (반면, 행위의 동기적 이유 역시 관련된 어떤 사실과 동일시할 수 있는지, 아니면 동기적 이유는 관련된 어떤 믿음과 동일시해야 하는지는 철학자들 사이에 논쟁거리다.)

을 제시한다. 프랭크퍼트가 제시하는 스피노자의 철학은 대체로 정확하고 유용하다. 그러나 그의 설명은 스피노자가 전하려 하는 한 가지 중요한 사항을 충분히 다루지 않는다. 아마도 이런 간극은 제한된 지면에서 스피노자의 생각을 모두 담기가 불가능했기 때문일 수 있다. 그러나 누락된 스피노자의 주장은 현재 맥락에서 중요한 함의를 가지고 있다. 아래에서는 이 간극이 자연스럽게 메꿔질 수 있도록 하는 데 초점을 맞춰 설명을 진행하겠다.

이런 목적을 위해선 프랭크퍼트가 제시했던 것보다 조금 더 자세히 스피노자의 철학에 대해 설명할 필요가 있다. 스피노자를 정확히 설명하려면 그가 사용하는 철학적 개념들을 사용해야 한다. 이는 독자를 더 혼란스럽게 만드는 것은 아닐지 다소 우려가 된다. 해서, 스피노자를 설명하는 데 있어 정확성이 다소 떨어지는 것을 감수하더라도 전문적 지식이 없는 독자에게도 쉽게 이해가 될 수 있게 하는 데에 목적을 두어, 가급적 일상적 개념만을 사용해서 설명하도록 하겠다.

스피노자에 따르면, 개체는 모두 자기 존재를 유지하려는 본성을 가진다. 자기 존재를 유지하려는 이 힘을 '존재 능력'이라 부르자. 존재하는 동안 개체의 존재 능력은 항상 증대하거나, 감소하거나, 이런 변동 속에 있다. 개체의 존재 능력이 증대하는 쪽으로 이행할 때 그 개체는 고양高揚되는 양상에 있는 것이고, 감소하는 쪽으로 이행할 때 그 개체는 약화되는 양상에 있다고 말한다.* 존재 능력이 증감의 변화를 겪을 때, 이 변화가 개체 자신의 본성적 활동에 의해 야기된 것일 때 이 변화는 능동적active 변화이고, 다른 개체의 활동에 의해 야기된 것일 때 이 변화는 수동적passive 변화이다.**

개체는 본성상 자기 존재를 유지하려 하기 때문에 자신의 본성적 활동은 존재 능력을 증대시키지 감소시키지 않는다. 따라서 존재 능력의 능동적 변화는 항상 존재 능력이 증대하는 쪽으로의 이행이다. 혈액을 온몸에 잘 순환시키고, 영양을 잘

- 존재 능력에서의 변화의 양상을 스피노자는 '정동(情動; affects)'이라 부른다.
- 스피노자는 개체의 본성적 존재 능력을 '코나투스(conatus)'라 부른다. 그리고 인간이 가지는 코나투스를 '추동력(appetite)'이라 부른다. 이는 프랭크퍼트가 책에서 '충동(impetus)'이라 부른 것에 상응한다. 존재 능력에서의 변화의 양상을 스피노자는 '정동(情動; affects)'이라 부른다. 존재 능력의 증대에 해당하는 정동이 고양됨이고, 존재 능력의 감소에 해당하는 정동이 약화됨이다. 고양됨은 프랭크퍼트가 '기쁨(joy)'이라 부른 것에 상응한다.

흡수하고, 노폐물을 잘 걸러내는 것은 우리의 (혹은 우리 신체의) 본성적 활동이다. 이는 우리의 존재 능력을 증대시킨다. 다른 한편, 존재 능력의 수동적 변화는 존재 능력이 증대하는 쪽으로의 이행일 수도 있고 감소하는 쪽으로의 이행일 수도 있다. 적절한 햇빛이나 유익한 장내 미생물의 활동에 영향을 받을 때, 이로 인해 우리의 존재 능력은 증대된다. 반면 유독 물질이나 해로운 바이러스의 활동에 영향을 받을 때, 이로 인해 우리의 존재 능력은 약화된다.

스피노자에게 있어, 우리는 우리를 고양시키는 원인으로 간주하는 것을 사랑하지 않을 수 없다. 우리가 존재를 유지하려는, 즉 존재 능력을 증대하려는 본성을 가지고 있음을 생각할 때, 이는 자연스런 귀결이다. 이러한 스피노자의 견해를 바탕으로, 프랭크퍼트는 우리가 진실을 사랑하지 않을 수 없다고 말한다. 앞의 절에서 살펴보았듯, 우리는 진실을 생존과 번영에 필수불가결한 것으로 간주하고 있으니 말이다. 진실을 중시하지 않는 것은 자신을 약화시키는 것이고 결국 자신의 생명을 경시하는 것에 다름없다. 이는 비합리적 처사이다. 결국 우리가 합리적 존재자인 한, 우리는 진실을 사랑하지 않을 수 없다. 진실을 중시하는 것은 우리 본성인 합리성이 우리에게 부과하는 바라는 것, 이것이 프랭크퍼트가 말하는 바이다.

프랭크퍼트의 설명은 적절하고 정확하지만, 스피노자가 우리에게 전하려는 중요한 사항을 충분히 드러내지 못하는 측면이 있다. 우리는 우리를 고양시키는 것으로 간주하는 것을 사랑하게 된다. 그런데 우리를 고양시키는 것으로 간주하는 것이 실제로 우리를 고양시키는 것이 아닐 수 있다. 사람들이 돈, 명예, 인기를 추구하는 것은 그것들이 그들을 고양시키는 것이라고 간주하기 때문이지만, 그것들이 그들을 실제로 고양시키는 것은 아닐 수 있다. (실제로 많은 사람들은 그로 인해 파멸한다.) 사람들이 돈, 명예, 인기가 그들을 고양시키는 것이라고 간주할 때, 그들은 상상력과 감각에 의존한다. 하지만 상상력과 감각에 의존해, 우리를 고양시키는 것으로 간주되는 것을 사랑하고 우리를 약화시키는 것으로 간주되는 것을 미워하는 것은 우리를 감정의 요동 속에 몰아넣을 뿐이다. 스피노자에게 있어 철학의 주요한 목적은 이런 정념의 굴레로부터 해방을 이뤄내는 것이다. 이 해방은 진정한 의미의 고양됨, 진정한 우리 자아에 대한 앎, 우리 본성에 대한 앎을 통해 가능하다. 이 앎은 상상력이나 감각이 아니라 이성reason에 의한 앎이다.•

프랭크퍼트가 말한 것처럼, 공학, 건축, 의학 등 많은 영역에서 발굴된 사실들은 우리의 생존과 번영을 위해 실제로 유용하다. 이 점에서 우리는 이 진실들을 사랑하게 되어 있다. 그런데 이 사실들이 우리에게 실제로 유용할 수 있는 것은 이 사실들이 제공하는 유용성이 진정한 의미에서 우리의 존재 능력을 증대시킬 경우에만, 즉

• 스피노자에게 있어 세 종류의 앎이 있다. 첫째는 상상적 앎(imaginati)으로 이는 상상력과 감각에 기반한 앎이다. 편견, 추측 등이 섞인 앎이다. 둘째는 이성적 앎(ratio)으로 이는 이성에 기반한 앎이다. 일반적 본성에 관한 앎이다. 셋째는 직관적 앎(scientia intuitive)으로 이는 자연 전체에 (스피노자에게 있어 신과 동일시되는) 필연적으로 통합된 관점을 통해 이해된 앎이다. 정념의 굴레로부터 벗어나기 위해 요구되는 앎은 이성적 앎, 그리고 더 나아가 직관적 앎이다.

진정한 존재의 고양을 이뤄내는 것일 경우에만 성립한다. 진정한 존재의 고양을 도모하기 위해서 우리는 인간 존재의 본성에 대한, 진정한 우리 자아에 대한 진실을 알아야 한다. 진정으로 존재 능력을 증대하기 위한 합리적 존재자로서, 우리는 이 진실을 사랑하지 않을 수 없다. 이는 프랭그퍼트가 스피노자를 통해 설명하는 과정에서 아주 분명히 드러나지 않았지만, 우리가 진실을 중시해야 하는 또 다른 측면이다.

3. 진실과 진실성

사람들이 서로가 서로를 신뢰하는 것은 특별한 중요성을 가진다. 부부는 상대가 자신에게 진실될 것이라고, 즉 상대가 자신에게 정직할 것임을 신뢰한다. 부부간의 이런 신뢰는 부부간의 관계를 지탱하는 주축이다. 부부간의 관계뿐 아니라 모든 사회적 관계에 있어서도 마찬가지다. 사람들 간에 상정되는 진실성은 우리에게 특별한 중요성을 가진다. 프랭크퍼트는 6, 7장에서 이 중요성을 다룬다.•

프랭크퍼트는 진실함의 중요성을 진실하지 않음, 즉 거짓말이 가져오는 폐해를 통해 이해하려 한다. 거짓말은 어떤 점에서 나쁜 것인가? 진실성은 사회를 지탱하는 중심 역할을 한다. 이러한 사실을 바탕으로, 칸트나 몽테뉴 같은 철학자들은

• 영국의 철학자 버나드 윌리엄스(Bernard Williams, 1929~2003)가 제시했듯이, 진실성(truthfulness)은 자기가 참이라 생각하는 바대로 말하려는 진실함(sincerity)과 자신의 생각이 실제 진실과 부합하도록 노력하는 정확성(accuracy)을 모두 추구하려는 태도로 이해할 수 있다. 프랭크퍼트는 책에서 '진실함'이란 용어를 사용하지 않지만 그가 말하려는 바는 진실성으로 이해될 수 있다.

거짓말의 폐해를 기본적으로 사회에 대한 폐해로 이해한다. 이들에 따르면, 누군가 거짓말을 한다면, 그건 효율적인 사회적 상호교류를 심각히 저해함으로써 사회를 해하는 것이고, 사회를 배신하는 것이다.

프랭크퍼트는 이들의 주장에 옳은 점이 없지 않다고 생각하지만 두 가지 점에서 온전히 동의하지 않는다. 첫째, 프랭크퍼트는 이들의 생각이 다소 과하다고 본다. 물론 우리 사회에 거짓말이 만연하다면—이들의 생각처럼—사회적 상호교류가 어렵게 되고 사회의 기반이 심각한 수준으로 흔들릴 수 있다. 그러나 거짓말이 만연한 것이 아닌 이상—이들의 생각과 달리—우리 사회는 어느 정도의 거짓말에 견뎌낼 수 있을 만큼 견고하다. 우리는 남들이 거짓말을 하는 경우가 더러 있다는 것을 알고, 우리 스스로도 거짓말을 하는 경우가 더러 있다. 그러나 이런 관행으로 인해 사회적 상호교류가 심각히 저해되어 우리 사회가 기능하지 못하고 있는 것은 아니다.

프랭크퍼트가 이들의 생각에 온전히 동의하지 못하는 둘째 이유는 그가 보기에 거짓말이 나쁜 것이 사회를 해하기 때문이기보다는 일차적으로 개인을 해하기 때문이다. 아는 사람이 우리에게 거짓말을 할 때 그는 어쩌면 우리를 해하려는 의도에서 거짓말을 하는 것은 아닐 수 있다. 심지어 그의 거짓말은 그 거짓말이 우리를 이롭게 할 것이란 믿음에서 비롯한 것일 수도 있다. 그럼에도 불구하고, 거짓말은 결국 우리를 깊게 상처 내는 것일 수밖에 없다. 프랭크퍼트에 따르면, 거짓말이 나쁜 일차적

이유는 이 상해의 깊이에 있다.

　누군가 우리에게 거짓말을 한다면, 그것은 세계의 실제 모습에 대한 우리의 접근을 차단하고 그렇게 비워진 자리를 자신이 지어낸 허구적 모습으로 채워 넣는 기획으로 이해될 수 있다. 이 기획이 성공적이면 세계에 대한 우리의 견해는 실제 세계에서 성립하는 일이 아니라 그의 상상에 근거하게 된다. 그만큼 우리가 믿는 바로서 세계는 실제 세계에 살고 있는 사람들이 보고, 만지고, 경험하는 세계가 아니게 된다. 상상과 허구에 기반한 세계 속에서 사는 사람을 미친 사람이라고 말할 수 있는 것을 생각하면, 거짓말은 우리를 미친 사람이 되게 하는 셈이 된다. 실재에 대한 우리의 이해를 훼손시키는 것, 이것이 거짓말이 가하는 해악 중 하나다.

20세기 후반을 대표하는 미국의 시인, 에세이 작가이자 페미니스트 지식인인 에이드리엔 리치는 거짓말이 불가피하게 가지는 파괴적 영향에 대해 자신의 생각을 쓴 바 있다. 프랭크퍼트는 리치가 말하는 거짓말의 파괴적 영향을 자신의 철학적 언어로 설명한다.

거짓말은 거짓말을 하는 사람에게도 부정적 영향을 미친다. 리치가 관찰한 이 부정적 영향이란, 거짓말은 거짓말하는 사람이 외로움에, 그것도 입 밖에 낼 수 없는 unutterable 외로움에 이르게 한다는 것이다. 거짓말을 하는 사람은 자신이 거짓말을 한 것을 드러내지 않는 한 자신이 실제 믿는 바를 말하지 못하고, 아무도 모르게 자신이 지어낸 허구의 세계 속에 스스로를 몰아넣어야 한다. 물론 그 세계에는 자기를 제외하곤 아무도 없다. 이는 타인에게 말할 수 없는, 오롯이 거짓말하는 사람의 몫으로 남겨진 외로움이다.

거짓말이 속는 사람에게 미치는 부정적 영향은 그보다 더 파괴적 성격을 지닌다. 앞서 언급했듯이, 거짓말은 실재에 대한 올바른 이해를 가지지 못하게 한다는 점에서 속는 사람에 해를 가한다. 이는 모든 거짓말이 속는 이에게 가하는 일반적인 해로움이다. 반면 리치가 주목하는 것은 더 특수한 경우에 발생하는 거짓말의 위해이다. 매우 친밀한 관계에 있는 사람이 우리에게 거짓말을 했음을 알게 되었을 때, 이는 우리에게 특별히 중대한 상처를 입힌다. 이를 두고 리치는 우리가 어느 정도 미쳐 버린 것처럼 느끼게 만든다고 말한다. 리치의 이 말은 비유적인 의미를 표현한 것으로 들린다. 프랭크퍼트에 따르면, 리치의 말은 문자 그대로의 의미에서도 참일 수 있다.

우리는 친한 친구가 우리에게 정직할 것이란 걸 당연하게 여기고, 자연스럽게 서로의 말을 신뢰한다. 이런 신뢰는 지적 판단에 기반한 것이 아니다. 친구끼리는 편하고 마음이 놓인다. 친구 간의 신뢰는 이런 감정에 기반한다. 이 감정은 우리 깊은 곳에 안착된 감정이다. 프랭크퍼트에 따르면, 이런 깊은 감정에 기반한다는 점에서, 친구의 말을 신뢰하는 것은 우리의 제2의 본성에 해당한다.

프랭크퍼트가 전하려는 바를 더 분명히 하기 위해 친구 간의 신뢰가 지적 판단이 아니라 깊은 자아의 감정에 기반한다는 그의 주장을 조금 더 깊이 생각해 보자. 당신은 이웃집에 사는 사람이 평소 다른 사람의 기분이나 분위기를 신경 쓰지 않고 아무 거리낌 없이 자신의 생각을 말한다는 것을 오랜 관찰을 통해 알고 있다고 하자. 그가 당신에게 말을 할 때, 당신은 그가 자신의 생각과 다른 말을 하지는 않을 것임을 알고, 그의 말을 믿는다. 이 믿음은 그에 대한 관찰을 통해 수집된 증거에 기반한다. 이런 믿음은 친구 간의 신뢰와 다르다. 이웃집 사람이 말한 것을 당신이 평소처럼 믿었는데, 이번에는 평소와 달리 그가 당신에게 거짓말을 한 것이었고, 당신이 후에 그가 거짓말을 했다는 걸 알게 되었다 하자. 물론 당신은 실망감을 느낄 것이다. 하지만 '아, 이번에 내 예상이 빗나갔네!'처럼 이 실망은 기본적으로 당신의 예측이 실패한 것에 관한 실망이다.

반면 친구가 우리에게 거짓말을 했음을 알게 될 때, 우리는 그 친구의 말이 참일 것이란 우리의 예측이 빗나간 것에 대해 실망하는 것이 아니라, 바로 그 친구에 대해 실망한다. 우리가 친구의 말을 신뢰하는 것은 증거에 기반해 친구가 진실되게 말할 것이라고 예측하는 것이 아니다. 그것은, 서로의 마음을 서로에게 열어 두겠다는 의지를 가지고 자신의 마음속에 어떤 생각이 있는지 내게 보여 주려는 친구의 초대에 응하는 것이다. 프랭크퍼트가 친구 간의 신뢰가 감정에 기반한다고 말할 때, 아마도 그가 염두에 둔 것은 (안락의자에 앉을 때 가지는 편안함 같은 느낌이 아니라) 이런 의지로부터 나온 깊은 자아의 감정이다. 이런 의지가 훼손되지 않는 한, 친구의 말을 신뢰하는 것은 우리의 제2의 본성이 된다.

친구가 당신에게 거짓말을 했고 당신이 그걸 알게 되었다고 하자. 리치는 당신이 미쳐 버린 것처럼 느낀다고 말한다. 이제 리치의 이 말이 어떤 뜻인지 알 수 있다. 친구를 신뢰하는 것은 친구를 향한 우리의 그 깊은 감정을 신뢰하는 것과 같다. 이는 또한 우리 본성을 신뢰하는 것이기도 하다. 이 감성은 우리의 제2의 본성이 되었으니 말이다. 친구가 거짓말을 했다는 걸 알게 되면, 우리는 친구를 신뢰하지 못하게 된다. 이는 친구를 향한 우리의 감정을 신뢰하지 못하게 되는 것이고, 이는 또한 우리 본성을 신뢰하지 못하게 되는 것이다. 결국, 우리는 우리 자신을 부정하는 것에 이르게 된다.

친구에 대한 우리의 신뢰가 배신당할 때, 우리는 자기-부정 상태에 이른다. 이는 우리가 (어느 정도) 미친 상태에 이른다는 것을 뜻한다. 자기-부정은 비합리성의 핵심적인 표식이다. 건강을 위해 과도하게 음식을 섭취하여 건강을 해치는 사람은 비합리적인 사람이다. 그는 자기 자신의 목적을 부정하는 행동을 하고 있기 때문이다. (프랭크퍼트가 제시하지 않았지만 유용한 다른 경우를 생각하자면) 오직 자기 자신만이 존재한다는 유아론을 주창하기 위해 유아론을 반대하는 사람들에게 유아론이 왜 진실인지 열렬히 논증하는 사람은 비합리적인 사람이다. 상대방을 설득하려는 그의 행위는 상대방이 존재한다는 것을 전제함으로써 상대방이 존재하지 않는다는 그의 주장을 부정하는 꼴이 되기 때문이다. 우리의 신뢰가 배신당할 때, 우리는 자기-부정적인 비합리적 상태에 이르고, 이는 열

럴한 유아론자처럼 어느 정도 미쳐 있는 상태이다.•

4. 진실과 실재성

앞선 부분에서 우리는 프랭크퍼트가 말하는 진실의 유용성에 대해 살펴보았다. 그가 지금까지 주목한 진실은 공학, 의학 등 각 영역에서 발굴되는 개별 사실들이고, 그는 이 개별 진실들이 지니는 실천적 유용성을 통해 진실의 중요성에 대해 설명했다. 그런데 우리가 '진실'이라 말할 때,

---

• 프랭크퍼트는 8장에서 셰익스피어의 소네트에 등장하는 연인들을 고려하며 진실성이 반드시 연인들 사이에 본질적인 것은 아닐 수 있다는 생각을 다룬다. 이 짧은 장에서 그가 다루는 바는 이 책 전체의 논의에 다소 부차적이고 특별히 이해에 어려운 점이 없기 때문에 이에 대한 별도의 설명은 생략하기로 한다. 그렇다고 이 장에서 전개하는 그의 논의가 흥미롭지 않은 것은 아니다. 사실 그의 논의는 더 많은 논의거리를 제공한다. 어떤 점에서 그럴 수 있는지는 독자의 몫으로 남겨 두겠다.

이 말로 이러한 개별 사실들을 의미하기도 하지만 어떤 맥락에선 보다 추상적이며 일반적인 것을 의미한다. 이때 우리가 염두에 두는 진실은 사실성factuality 혹은 실재성 reality 같은 것이다.

실재성으로서 진실은 우리에게 중요한가? 만약 그렇다면 어떤 점에서 중요한가? 이 물음은 아직 다뤄지지 않았다. 진실의 중요성에 대해 설명하려는 프랭크퍼트의 기획이 완수되려면 그는 이 물음에 답해야 한다. 프랭크퍼트는 책의 마지막 장에서 이 남은 과제를 수행한다. 그에 따르면, 실재성은 개별 사실들이 지니는 것보다 더 깊고 일반적인 중요성을 가진다. 이제 이 글의 나머지 부분에서 프랭크퍼트가 제시하는 답변이 무엇인지 설명하고, 그의 답변이 더 확장될 수 있는 방향에 대해 언급하는 것으로 이 글을 마치도록 하겠다.

 우리는 이 세계에 우리 아닌 다른 것들과 구분되어 존재한다는 것을 안다. 우리는 어떤 계기를 통해 이걸 알게 되는가? 손가락을 까딱이고 싶을 때 우리는 손가락을 까딱거린다. 움직이고 싶을 때 우리는 다리를 움직인다. 우리는 손가락과 다리를 우리 의지로 직섭석이고 즉각적으로 통제할 수 있다. 이런 한에서, 손가락과 다리는 우리와 구분되지 않는다. 그것들은 우리의 부분이다. 당신이 존재하기 시작한 이래로 당신이 마주하는 모든 것이 당신이 바라는 대로 거침없이 움직이고 실현된다고 상상해 보라. 이렇게 모든 것이 당신 의지의 직접적이고 즉각적인 통제 아래 있다면, 이들 모두는 당신의 부분으로 간주되지 않을 이유가 없다. 당신과 당신 아닌 것의 구분은 없게 된다.

결국 우리가 다른 것들과 구분된다는 것을 아는 계기는 우리의 의지를 이행하려는 데 있어 우리가 마주하게 되는 저항을 경험할 때이다. 우리 앞에 보이는 나무에 열매가 열리기를 바란다고, 없던 열매가 직접적이고 즉각적으로 열리지 않는다. 불이 붙어 뜨거움이 느껴질 때 뜨거움이 더는 느껴지지 않기를 바란다고, 그 바람으로 뜨거움의 느낌이 멈추는 것은 아니다. 나무, 열매, 불 등은 우리의 직접적이고 즉각적인 통제의 대상이 아니다. 이를 통해 우리는 비로소 이것들이 우리의 부분이 아닌 독립적 존재임을 알게 된다. 프랭크퍼트에 따르면, 이것이 우리의 실재성 개념의 기원이다.

우리는 우리와 세계 속 다른 것과 구분된

다는 것만을 아는 게 아니다. 우리는 우리의 경계와 우리의 모습을 안다. 우리의 직접적이고 즉각적인 통제는 한계를 갖는다. 이 한계의 윤곽을 따라 우리는 우리 자신의 경계를 짓고, 우리 자신의 모습을 그릴 수 있게 된다. 우리는 또한 우리가 할 수 있는 것과 할 수 없는 것을 알게 된다. 즉, 우리가 가진 힘과 취약점을 알게 된다. 이것이 우리가 어떤 종류의 존재자인지를 정의한다. 우리는 우리와 독립적인 실재에 대한 우리의 인식과 이해에 의존해서 우리 자신의 정체성을 인식하고 이해한다. 이처럼 실재성은 우리가 어떤 존재자인지에 대한 이해에 필수불가결하다. 이것이 프랭크퍼트가 말하는 실재성으로서 진실이 우리에게 지니는 더 깊고 일반적인 중요성이다.

  실재성의 중요성에 대한 프랭크퍼트의

통찰력 있는 설명은 매우 직관적이고 설득력 있다. 그렇지만 프랭크퍼트의 설명은 더 확장되어 보완될 여지도 있어 보인다. 우리가 우리 아닌 것들과 구분되는 것으로 인식되는 계기를 설명하는 과정에서 프랭크퍼트는 우리 아닌 것들의 종류를 구분하지 않는다. 우리가 마주하는 우리 아닌 것들이 모두 사물들(객체들)이라면 우리는 우리를 그것들과 구분하겠지만, 그 구분을 통해 인식되는 우리는 그 사물들(객체들)에 대비되는 또 하나의 사물(객체)에 지나지 않는 것일 수 있다. 하지만 우리는 우리가 자의식을 가진 주체라는 것을 안다. 우리가 우리 자신에 대한 이런 이해를 가지는 계기는 우리와 다른 주체가 우리를 주체로 인식하는 경험을 통해서이다. 우리에게 더 깊고 일반적인 중요성을 가지는 실재성에는 객체성뿐만 아니라 상호주관성이 포함된다. 이는 프랭크퍼트에서 명시적으로 드러나 있지 않지만 진실의 중요성을 이해하는 데에 주목할 가치가 있는 점이다.

옮긴이의 글

고대 그리스에서 진실Aletheia은 단순한 사실적 정확성이 아니었다. 망각lethe의 반대말이자 의견doxa과 대비되는 진실은 숨은 것을 드러내고, 세상 만물의 질서를 보여 주는 것이었다. 플라톤에게 진실은 이데아의 영역과 연결되어 현상 세계의 그림자 너머에 가까운 것이었다. 한편 아리스토텔레스는 한결 구체적으로 사실을 그대로 말하는 것이 진실이라고 보았다. 결국 고대 그리스인들에게 진실은 개별 인간의 판단을 넘어서 우주 만물이나 형이상학의 기준에 따라 존재하는 것이었다.

한편 기독교가 지배하는 서유럽 중세에서 진실은 신의 영역에 있었다. 모든 철학과 과학은 진실을 계시로 보여 주는 신의 뜻을 해석하는 문제였다. 아우구스티누스가 볼 때, 진실은 신의 말씀에 담겨 있었고, 인간의 이성은 그 말씀을 이해하고 따르는 데 쓸모가 있었다. 서양 중세에 진실은 신의 뜻으로 자명한 것이었지만, 인간의 불완전한 이성 때문에 그것을 제대로 파악하지 못할 뿐이었다. 신의 대리인인 교회와 교황이 진실의 해석을 독점했다.

그런데 르네상스 시대에 이르러 인간이 경험과 이성으로 세계의 질서를 파악할 수 있다고 여기게 되었다. 이 시대에 재발견한 고대 그리스, 로마의 학문에 힘입어 르

네상스 지식인들은 관찰과 실험으로 진실을 밝히는 데 앞장섰다. 코페르니쿠스와 갈릴레오는 천상의 질서조차 경험과 수학적 계산으로 파악하고자 했다. 진실은 이데아와 신의 계시에서 지상으로 내려와 인간의 감각과 이성으로 가늠하는 대상이 되었다.

계속해서 근대 계몽주의는 이성적 비판과 과학적 방법론으로 진실을 파악할 수 있다고 확신했다. 이제 인간은 경험과 실험, 계산으로 객관적 진실을 손에 넣을 수 있었다. 인간만이 가진 합리성은 과학적 방법론을 세워서 객관적이고 보편적인 진리를 확인했다.

하지만 20세기 과학에서 양자론이 불확정성을 확인한 뒤, 포스트모더니즘은 모든 진리는 상대적이며, 담론과 권력의 산물일 뿐이라고 주장했다. 객관적이고 보편적인 진리로 여겨지는 과학조차 사회적으로 구성되는 것이었다. 포스트모더니즘은 거대 서사를 허물어뜨리는 데서 나아가 사실과 진실의 확정성조차 의심하기 시작했다. 이제 진실은 모조리 상대화되었고, 탈진실이 진실의 자리를 차지하게 되었다. 20세기에는 이른바 남배 유해성 논쟁과 기후변화 논쟁을 계기로 과학조차 논란의 대상이 되었다. 21세기에 유튜브를 비롯한 소셜미디어가 팽창하면서 '가짜뉴스'와 '개소리'가 득세했고, 객관적 진실은 사라지고 저마다 자기만의 진실을 주장하는 세상이 되었다.

프랭크퍼트는 현대 사회의 위기는 단순한 거짓말이 아니라 진실 그 자체에 무관심한 '개소리'가 확산되는 현상이라고 지적한다. 거짓말은 진실을 전제로 하지만, 개소리는 아예 진실이란 존재하지 않는다고 자신하기 때문에 할 수 있는 말이다. 20세기까지만 해도 정치인이나 범죄자는 거짓말을 하는 데에도 저어하는 양심이 있었다. 꼬치꼬치 캐묻는 언론이나 법정의 추궁에 진실을 말하지는 않더라도 기억나지 않는다거나 모른다고 잡아떼곤 했다. 하지만 탈진실의 시대에는 거짓말을 넘어서 개소리를 너무도 자신 있게 늘어놓는다. 과학적 사실을 부정하는 데서 나아가 음모론과 유사과학, 가짜뉴스가 횡행하는 시대다. 레거시 미디어나 전문가, 지식인 등의 권위가 크게 약해진 상황에서 갖가지 정보가 넘쳐나는 소셜미디어 환경은 진실을 찾는 데 오히려 장애물이 된다. 정치적 쟁점에서부터 일상생활의 과학에 이르기까지 진실을 무시하는 태도가 만연해 있는데, 프랭크퍼트는 이런 상황일수록 오히려 진실을 지지하고 장려해야 한다고 역설한다. 개인의 생활이나 생존 차원에서나 사회와 문명의 번영과 존속 차원에서나 사실에 바탕을 둔 진실은 너무도 소중하기 때문이다. 절대적 진리란 존재하지 않는다 하너나노 상식적인 진실을 추구하려는 시민적, 윤리적 노력이 어느 때보다도 더욱 필요하다고 저자는 힘주어 말한다.

2025년 11월
유강은

해리 프랭크퍼트

Harry Frankfurt

미국의 철학자. 프린스턴대학교 철학과 명예교수로 재직하며 현대 윤리학과 자유의지, 도덕적 책임 이론에 큰 영향을 미쳤다. 저서로는 《개소리에 대하여》, 《사랑의 이유》, 《필연, 의지, 사랑》, 《우리가 관심을 기울이는 것의 중요성》, 《악령, 몽상가, 미치광이》, 《평등은 없다》 등이 있다.

옮긴이 **유강은**

인문사회와 국제문제 전문 번역가. 옮긴 책으로《이스라엘 팔레스타인 분쟁의 아주 짧은 역사》,《국가는 어떻게 무너지는가》,《냉전》,《특권계급론》,《내전은 어떻게 일어나는가》,《비너스의 사라진 팔》 등이 있다.《미국의 반지성주의》로 제58회 한국출판문화상(번역 부문)을 수상했다.

해제 **한성일**

서울대학교 철학과 교수. 분석철학과 형이상학 전공. 서울대학교에서 문학사, 예일대학교 철학과에서 박사학위를 받았다. 한국고등과학원을 거쳐 2013년부터 서울대학교 철학과에서 재직하고 있다. 본질, 존재, 근거, 인과, 실체 개념 같은 형이상학의 핵심 문제를 탐구하는 데 연구의 초점이 맞춰져 있으며 *Oxford Studies in Metaphysics*, *Philosophical Studies* 등 국제 학술지와《논리연구》,《철학》 등 국내 주요 학술지에 다수의 논문을 발표했다. 분석철학 분야에서 가장 권위 있는 젊은 철학자 상 가운데 하나인 Marc Sanders Essay Prize에서 "Essence and Thisness"(2023)로 Honorable Mention을 받았다.

아리스토텔레스적 본질주의의 현대적 의미에서부터 스피노자의 유한 양태론, 힘(power) 이론에 이르는 다양한 주제를 다루며, 분석적 엄밀성과 철학적 사유의 깊이를 아우르는 작업을 이어가고 있다.